COSMOGONIE DES ROSE-CROIX ILLUSTRÉE

• NAISSANCE ET RENAISSANCE •

Discovery Publisher

1ère Édition : ©Discovery Publisher, 2015
2e Édition : ©Discovery Publisher, 2018
3e Édition : ©Discovery Publisher, 2021

Textes : *Cosmogonie des Rose-Croix*, Max Heindel
Concept et illustrations: Adriano Lucca
Couverture : Deviantart, Meckie

616 Corporate Way
Valley Cottage, New York
www.discoverypublisher.com
editors@discoverypublisher.com
Fièrement pas sur Facebook ou Twitter

New York • Paris • Dublin • Tokyo • Hong Kong

TABLE DES MATIÈRES

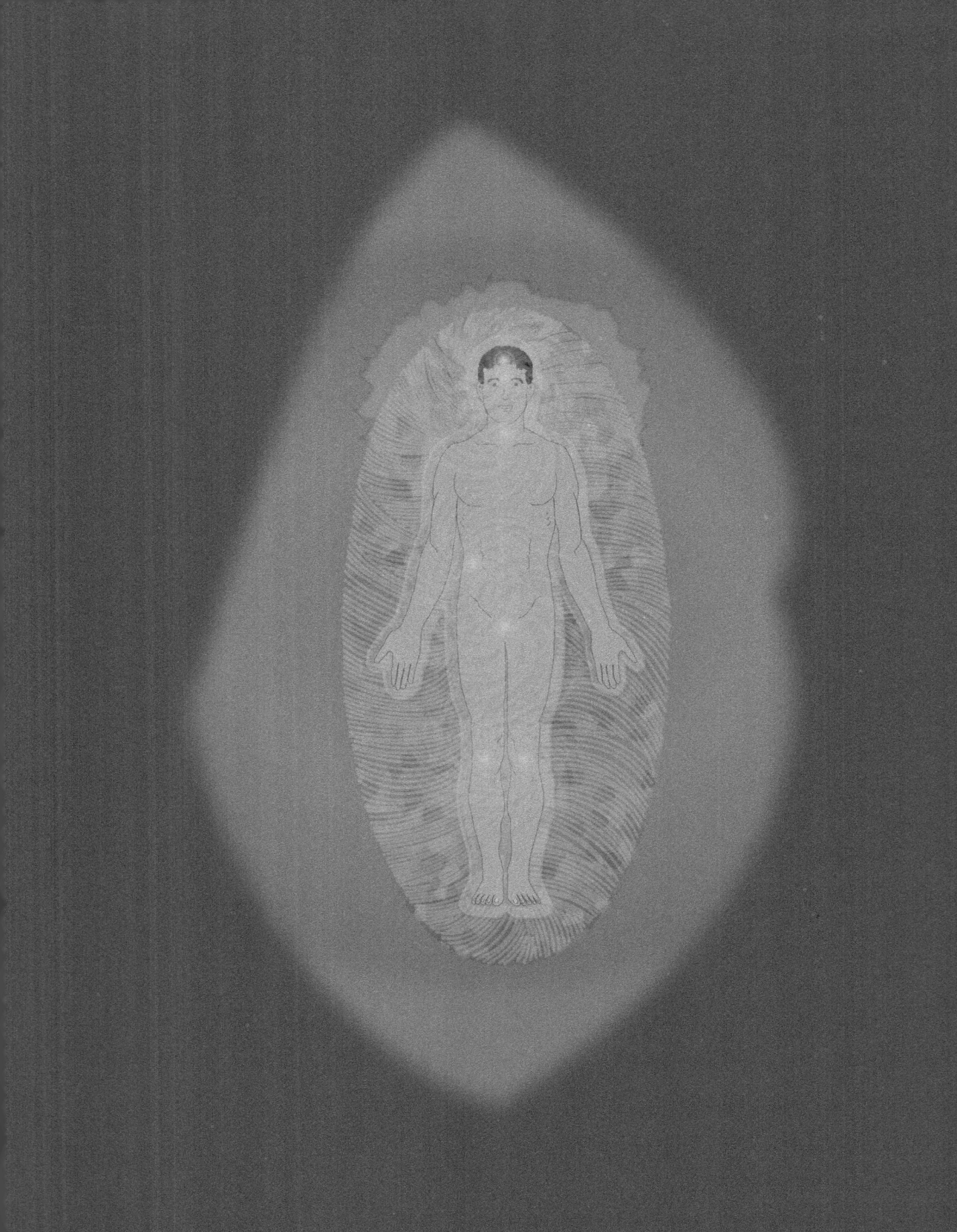

« C'est une nécessité primordiale pour l'aspirant
à la connaissance occulte d'avoir une soif de
savoir et un zèle qui renverse tous les obstacles ;
mais le motif suprême dans la recherche de cette
connaissance doit être un ardent désir de faire
du bien à l'humanité et de travailler pour les
autres dans l'oubli complet de soi-même, sinon
la connaissance occulte est dangereuse. »

« Seul un esprit libre et largement ouvert est
capable de découvrir le lien d'harmonie qui
existe entre toutes choses. »

« L'homme qui reconnaît son ignorance a fait le
premier pas vers le savoir. »

À PROPOS DE CET OUVRAGE

L'enseignement contenu dans cet ouvrage est entièrement basé sur les écrits de Max Heindel. Ce livre tente d'illustrer une partie de l'Enseignement Rosicrucien contenu dans la « Cosmogonie des Rose-Croix », et plus particulièrement le processus de la mort et de la renaissance.

Toute erreur présente dans cet ouvrage est directement débitable à l'éditeur.

Si le lecteur est intéressé par un approfondissement sur ces illustrations, il peut se référer aux enseignements complets disponibles sur rosicrucian.com.

Si le lecteur désire contacter l'illustrateur de ces pages, il le fera par l'intermédiaire du site Internet de l'éditeur, à discoverypublisher.com.

LA MÉTHODE DE DÉVELOPPEMENT ROSICRUCIENNE

La méthode de développement Rosicrucienne diffère des autres systèmes sur un point particulier : elle tend, dès le début, à émanciper l'élève de la dépendance des autres, à le rendre indépendant au plus haut point afin qu'il soit capable de rester « debout » seul, dans toutes les circonstances et de faire face à toutes les situations. Seul celui qui est ainsi solidement équilibré peut aider les faibles.

L'Ordre Rosicrucien fut fondé particulièrement pour les hommes dont le haut degré de développement intellectuel leur fit répudier le cœur. L'intellect demande impérieusement une explication logique de tous les phénomènes : du mystère du monde, des questions de la vie et de la mort. La raison d'être de l'existence et son modus operandi n'ont pas été expliqués par l'injonction des prêtres de « ne pas chercher à approfondir les mystères de Dieu ».

Pour tout homme ou femme qui a le bonheur ou le malheur de posséder un intellect inquisiteur, il est de la plus grande importance de recevoir toutes les informations désirées, de telle sorte qu'une fois les exigences de la tête satisfaites, le cœur puisse parler. Le savoir intellectuel n'est pas en lui-même un but, mais un moyen pour atteindre un certain but. C'est pourquoi les objectifs Rosicruciens veulent avant tout satisfaire l'aspirant en lui faisant connaître que tout dans l'univers est raisonnable, afin de conquérir l'intellect rebelle.

Quand celui-ci a cessé de critiquer et qu'il est prêt à accepter provisoirement comme vérité probable des affirmations qui ne peuvent pas être immédiatement vérifiées, alors, et alors seulement, l'éducation ésotérique sera efficace pour développer les facultés supérieures grâce auxquelles l'homme passe de la foi à la connaissance acquise par lui-même. Cependant, même quand il en est arrivé là, l'élève verra que à mesure qu'il progresse et qu'il devient capable de faire des recherches pour son propre compte, il trouve toujours des vérités hors de sa portée, qu'il sait être des vérités, bien qu'il ne soit pas suffisamment avancé pour pouvoir les sonder.

L'élève fera bien de se rappeler que tout ce qui n'est pas logique ne peut exister dans l'univers et que la logique est le guide le plus sûr dans tous les Mondes ; mais il ne doit pas oublier que ses facultés sont limitées et qu'un pouvoir de raisonnement logique supérieur au sien peut être nécessaire pour résoudre un problème donné, bien que ce problème soit susceptible d'une explication complète mais seulement par des raisonnements qui sont au-delà de la capacité de l'élève dans la phase actuelle de son développement. Un autre point qui doit être ancré dans l'esprit est qu'une confiance inébranlable dans l'instructeur est absolument nécessaire.

L'ÉVOLUTION DE L'HOMME

Lorsque l'homme aura spiritualisé son être sous l'influence de la future religion scientifique et artistique il aura appris la maîtrise de soi, et sera devenu secourable pour ses semblables, et cela de manière désintéressée. Il sera alors un gardien fidèle du POUVOIR de la PENSÉE. Il sera capable de former des IDÉES correctes, qu'il pourra immédiatement cristalliser en CHOSES utiles. Il pourra accomplir cela au moyen du larynx, par lequel il émettra le VERBE CRÉATEUR. Toutes choses, dans la nature, ont été à l'origine appelées à l'existence par le VERBE (Jean 1/1-3). Le son, ou pensée exprimée, sera la prochaine force que nous utiliserons; elle fera de nous des hommes-dieux quand, après notre apprentissage actuel, nous serons capables de la manifester et d'utiliser un pouvoir aussi énorme pour le bien de tous, sans égard à notre intérêt personnel.

LES DEGRÉS DE DÉVELOPPEMENT

Les degrés par lesquels l'homme s'élève vers Dieu sont au nombre de quatre :

1. D'abord, étant sans conscience, les Grands Êtres qui dirigeaient son évolution travaillaient sur lui ;
2. Ensuite, il fut placé sous la direction de Messagers divins ou de rois qu'il pouvait voir et aux commandements desquels il devait obéir ;
3. Puis, on lui enseigna à révérer les commandements d'un Dieu qu'il ne pouvait pas voir ;
4. Finalement, il doit apprendre à s'élever au-dessus des commandements, devenir une loi en lui-même, et arriver, en obtenant la victoire sur lui-même, à vivre en harmonie avec les lois de la nature qui sont les lois de Dieu.

Les trois grands objectifs de l'évolution à travers la matière sont :

1. Premièrement, la spiritualisation de notre caractère ;
2. Deuxièmement, le développement de la volonté par laquelle nous dirigeons les facultés acquises par l'expérience ;
3. Enfin, le développement de l'intellect créateur au moyen duquel nous créerons directement et consciemment.

Si nous coopérons avec ce plan, le bonheur sera une réalité constante.

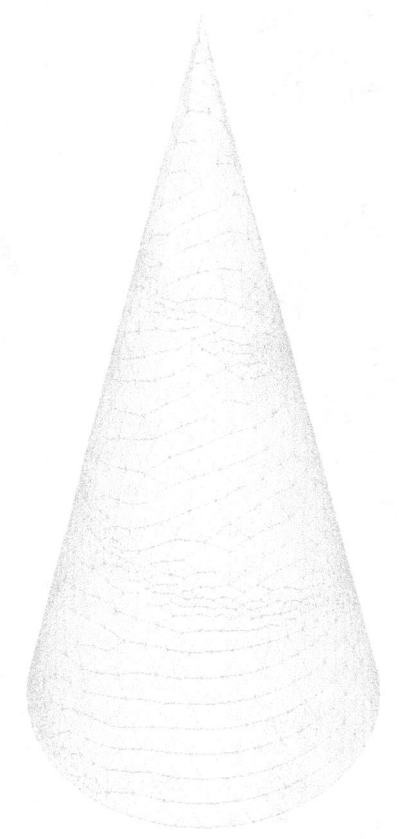

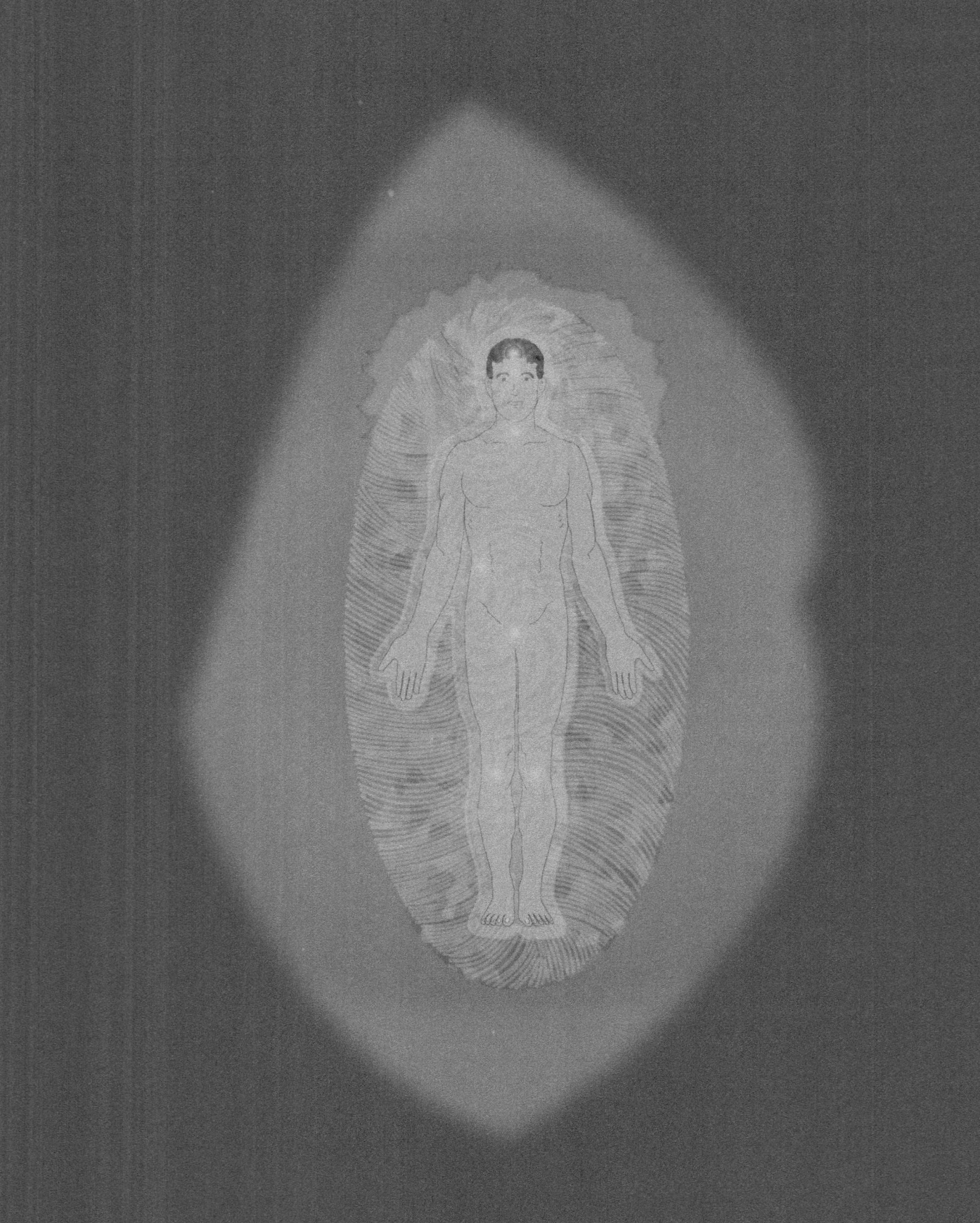

LES MONDES
VISIBLES ET INVISIBLES

LES MONDES HYPERPHYSIQUES

On se demande souvent : « À quoi bon étudier les mondes hyperphysiques ? Ne vaut-il pas mieux ne nous occuper que d'un seul à la fois et nous contenter pour le moment des leçons à apprendre sur Terre ? S'il existe vraiment des plans invisibles, n'est-il par préférable d'attendre que nous les habitions pour y faire des recherches ? À chaque jour suffit sa peine. »

Si nous savions, sans aucun doute possible, que nous serons tôt ou tard appelés à demeurer dans un pays lointain où pendant de nombreuses années nous devrons vivre dans des conditions nouvelles et étranges, nous accueillerions avec empressement toute occasion de nous renseigner sur cette contrée avant de nous y rendre. Les connaissances ainsi acquises nous permettraient de nous adapter plus facilement aux nouvelles conditions d'existence qui nous sont réservées.

Or dans la vie, nous n'avons qu'une seule certitude : la Mort ! Quand nous passons dans l'Au-delà, la connaissance de ce qui nous y attend doit être assurément un énorme avantage. Mais ce n'est pas tout : pour bien comprendre le Monde Physique, qui est celui des effets, il est nécessaire de comprendre le Monde hyperphysique, qui est celui des causes. Les Mondes Supérieurs sont les mondes des causes, des forces. Nous ne pouvons comprendre réellement le Monde Physique sans connaître les autres, sans avoir une certaine compréhension des forces et des causes dont toutes les choses matérielles ne sont que les effets. Aussi étrange que cela puisse paraître, les plans hyperphysiques, qui semblent n'être qu'un mirage ou même quelque chose de moins tangible encore, sont, à vrai dire, beaucoup plus réels que le monde matériel tangible. Les choses qui s'y trouvent y sont plus durables et plus indestructibles que celles de notre monde.

D'après les enseignements Rosicruciens, l'Univers est divisé en sept Mondes, ou sept états de la matière :

1° - Le Monde de Dieu
2° - Le Monde des Esprits Vierges
3° - Le Monde de l'Esprit Divin
4° - Le Monde de l'Esprit de Vie
5° - Le Monde de la Pensée
6° - Le Monde du Désir
7° - Le Monde Physique

Cette division n'est pas arbitraire, mais nécessaire, parce que la substance de chacun de ces Mondes est soumise à des lois pratiquement inopérantes dans les autres.

Chacun des 7 Mondes ou des 7 états de la matière remplit un but déterminé dans l'économie de la nature et que Dieu, le Grand Esprit en Qui en vérité « nous avons la vie, le mouvement et l'être » (Actes 17:28), est le Pouvoir qui pénètre et maintient, avec Sa Vie, tout l'Univers ; mais tandis que cette Vie est versée et demeure dans chaque atome des 6 Mondes inférieurs et dans tout ce qu'ils contiennent, dans le 7ème, le Monde le plus élevé, le Dieu Trinitaire, seul, EST.

Le royaume le plus élevé sous celui-là, le 6ème, est le Monde des Esprits Vierges. C'est là que ces étincelles de la divine « Flamme » demeurent, avant d'entreprendre leur long pèlerinage, dans les 5 Mondes plus denses, afin de développer leurs pouvoirs latents en pouvoirs dynamiques. Comme la semence manifeste son pouvoir caché après avoir été enfouie dans la terre, ainsi, dans l'avenir, quand ces esprits vierges auront passé à travers la matière (l'école de l'expérience), ils deviendront eux-mêmes des « Flammes » divines, capables d'émaner de leur être des univers. Les 5 Mondes constituent le champ d'évolution de l'homme, et les 3 Mondes les plus denses ou inférieurs sont la scène de la phase actuelle de son développement. Pendant la vie ordinaire, l'Ego se trouve à l'intérieur de ses corps et son énergie est dirigée vers l'extérieur. L'homme applique toute sa volonté et toutes ses forces à dompter le monde extérieur. Lors du sommeil, l'Ego se trouve en dehors de ses corps.

Grâce à ces véhicules, l'Ego est capable d'agir dans le Monde Physique.

Les 3 mondes dans lesquels nous vivons (Physique, Désir et Mental) ne sont pas séparés par l'espace. Ils sont tous autour de nous, comme la lumière et la couleur, contenus dans la matière physique, comme les lignes de clivage dans le minerai. Si nous faisons geler de l'eau dans un récipient et l'examinons au microscope, nous y voyons les cristaux de glace séparés les uns des autres par des lignes. Celles-ci, bien que non perçues par la vue, étaient présentes dans l'eau en tant que lignes de force, invisibles jusqu'à ce que les conditions nécessaires les mettent en évidence.

Ainsi, chaque monde est contenu dans le monde qui est au-dessus de lui, invisible pour nous jusqu'à ce que nous ayons réalisé les conditions nécessaires. Mais lorsque nous sommes prêts, la Nature, toujours disposée à dévoiler pour nous ses merveilles, répand une ardente joie sur tout homme qui, aidant à l'évolution, acquiert ainsi droit de cité dans les mondes invisibles.

LA RÉGION CHIMIQUE DU MONDE PHYSIQUE

Dans la vie courante, nous faisons une distinction entre les solides, les liquides et les gaz. Tous sont groupés par la science en un certain nombre d'éléments inorganiques, comme l'hydrogène, l'azote, l'oxygène et le carbone. De ces éléments sont construites toutes les Formes.

Nous distinguons aussi 4 règnes : minéral, végétal, animal et humain ; mais cette distinction s'applique à 4 vague d'esprits évoluant selon des degrés variés de développement ; elles se manifestent en tant que Vie, qui façonne les éléments chimiques en la multitude de Formes que nous voyons autour de nous.

Cette quadruple vague de vie est plus ou moins solidement rattachée aux formes qu'elle a construites, selon le degré de développement atteint par les différentes vagues d'esprits.

Les esprits qui composent la vague de vie minérale sont si faibles, et de ce fait si étroitement liés à la matière façonnée par eux en cristaux inorganiques, qu'ils semblent en être inséparables. Cette vague de vie est connue comme force chimique.

Les esprits de la vague de vie végétale assimilent les éléments chimiques cristallisés et transforment les cristaux en cristalloïdes en construisant leurs propres corps déjà plus complexes.

Ces formes végétales, absorbées à leur tour par les vagues de vie animale et humaine, sont groupées en cellules et organes dont l'ensemble compose les véhicules plus compliqués des deux règnes les plus élevés.

Alors que les trois vagues de vie les plus évoluées travaillent avec la matière chimique, la vie minérale enfouie en elle devient inerte ou, en un certain sens, elle meurt. Inversement, au moment où la vie végétale, la vie animale ou la vie humaine vient de quitter une forme, que nous disons « morte », la vie minérale naturelle de la matière chimique se trouve une fois de plus libre de s'affirmer : elle se manifeste alors dans les forces chimiques qui détruiront la forme et la résoudront en ses constituants originels.

La Région Chimique est le royaume de la forme.

Dans le Monde Physique, la matière est soumise à la gravitation et aux phénomènes de contraction et d'expansion. La matière de ces Mondes varie aussi en densité ; le Monde Physique est le plus dense des sept. Chaque Monde est divisé en 7 régions ou subdivisions de la matière. Dans le Monde Physique, les solides, les liquides et les gaz forment les 3 subdivisions les plus denses, les 4 autres sont occupées par des Éthers de densités diverses. Des subdivisions analogues sont nécessaires dans les autres Mondes, parce que la substance dont ils se composent n'a pas une densité uniforme.

Les 3 subdivisions denses du Monde Physique, les solides, les liquides et les gaz, constituent ce qu'on appelle la Région Chimique. La substance de celle-ci est la base de toutes les formes tangibles.

La loi de la matière dans la Région Chimique est l'inertie, qui est la tendance à conserver le *statu quo*. Une certaine quantité de force est nécessaire pour vaincre cette inertie et mettre en mouvement un corps au repos ou encore arrêter un corps en mouvement.

LA RÉGION ÉTHÉRIQUE DU MONDE PHYSIQUE

Si l'homme ne possédait rien de plus que le corps dense, il serait aussi incapable de manifester la Vie que le sont les substances chimiques dont est composé ce corps. Et s'il n'existait que ce Monde Physique visible, il ne pourrait jamais y avoir d'autres formes que les cristaux inertes ; les végétaux, les animaux et l'homme auraient été impossibles à réaliser dans la nature.

C'est grâce à l'Éther que l'Esprit vitalise les formes de la Région Chimique.

Notre corps dense est rendu vivant et capable de mouvement grâce aux atomes prismatiques d'Éther qui pénètrent les atomes du corps dense. L'Éther est forme de matière physique. Il n'est pas homogène, comme l'admet la science officielle, mais il existe sous 4 états différents. Les 4 subdivisions plus subtiles ou éthériques du Monde Physique constituent ce qu'on appelle la Région Éthérique.

La Région Éthérique est le royaume des forces qui maintiennent les activités de la vie dans les formes et permettent à celles-ci de vivre, de se mouvoir, et de se reproduire.

L'Éther est aussi tangible pour le clairvoyant expérimenté que le sont les solides, les liquides et le gaz de la Région Chimique pour le commun des hommes. Il voit les forces qui donnent la vie aux formes minérales, végétales, animales, et humaines. Les forces circulent dans ces formes par l'intermédiaire des 4 états de l'Éther. Les noms et les fonctions spécifiques de ces 4 Éthers sont les suivants :

ÉTHER CHIMIQUE

Cet Éther est positif et négatif dans ses manifestations. Il constitue le champ d'action des forces qui régissent l'assimilation et l'élimination. L'assimilation est l'opération par laquelle les divers éléments nutritifs des aliments sont incorporés à la plante, à l'animal et à l'homme. L'élimination est effectuée par les forces qui agissent par le pôle négatif de l'Éther Chimique. Elle rejette hors du corps les particules inutilisables des aliments, ainsi que celles qui ont cédées leur utilité aux tissus et doivent être éliminées de l'homme.

ÉTHER VIE

Cet Éther est le champ d'action des forces qui assurent le maintien des espèces, c'est-à-dire des forces de reproduction. L'Éther Vie a son pôle positif et son pôle négatif. Les forces qui agissent positivement sont celles qui sont actives chez la femelle pendant la période de gestation. Celles qui agissent négativement mettent le mâle en état de produire le liquide séminal. Pour leur action sur l'ovule fécondé ou sur la semence de la plante, les forces positives produisent des plantes et des individus de sexe masculin ; celles qui agissent par l'intermédiaire du pôle négatif produisent au contraire des plantes et des individus du sexe féminin.

ÉTHER LUMIÈRE

Cet Éther possède 2 pôles. Les forces opérant à travers le pôle positif de l'Éther Lumière génèrent la chaleur du sang chez les animaux supérieurs et chez l'homme ; elles régissent la circulation du sang chez les animaux à sang froid et celle de la sève chez les végétaux. Les forces en jeu au pôle négatif de cet Éther opèrent à travers les cinq sens : vue, ouïe, toucher, goût et odorat. En outre cet Éther assure la coloration dans tous les règnes de la nature.

ÉTHER RÉFLECTEUR

Le nom d'*Éther Réflecteur* vient de ce qu'il ne contient qu'une réflexion des véritables images de la Mémoire de la Nature. Le plan d'une maison qui existe dans la pensée de son architecte peut, même après la mort de ce dernier, être retrouvé dans la mémoire de la nature. Tous les événements du passé ont laissé dans Éther Réflecteur une image ineffaçable. Les pensées et les actions des hommes sont imprimées par la nature d'une manière indélébile sur Éther Réflecteur où l'œil expérimenté du clairvoyant peut lire toute leur histoire. *Éther Réflecteur* mérite son nom pour plus d'une raison ; ses images ne sont que la réflexion de la vraie mémoire de la nature qui est située dans un monde beaucoup plus élevé. Cet Éther est aussi le milieu à travers lequel la pensée agit sur le cerveau de l'homme. Il est en relation avec la 4ème subdivision du Monde de la Pensée, c'est-à-dire, la plus élevée des 4 subdivisions de la Région de la Pensée concrète, celle de la demeure de l'intellect humain. C'est là que se trouvent des clichés absolument nets de la mémoire de la nature dont Éther Réflecteur ne présente que des images réfléchies.

L'Éther Réflecteur est aussi le moyen par lequel la pensée fait une empreinte sur le cerveau humain. Les atomes des Éthers Chimique et Vital sont prismatiques et stationnaires, alors que les atomes des Éthers Lumière et Réflecteur sont volatiles et migratoires.

Nous savons que pour agir dans le monde visible, il est nécessaire d'avoir un corps dense. Sans un tel corps, nous serions des « fantômes » invisibles pour d'autres êtres physiques.

Il en est de même dans les autres mondes. Pour fonctionner dans ces mondes ou exprimer leurs qualités particulières, nous devons d'abord posséder un véhicule fait de leurs matériaux ; de même qu'il nous faut posséder un corps dense avant de pouvoir agir dans le Monde Physique, de même il nous faut un corps vital avant que nous puissions exprimer la vie, assimiler, croître ou nous reproduire. La vague de vie minérale actuellement incorporée dans la matière de la région chimique n'a pas de corps vital séparé. Le végétal, l'animal et l'homme ont des corps vitaux ; mais ceux-ci sont aussi différents de construction que leurs corps denses respectifs, et varient quant à la qualité, la quantité et l'organisation de la matière éthérique qui les compose.

LE MONDE DU DÉSIR

Même la possession d'un corps dense et d'un corps vital n'est pas suffisante pour expliquer tous les faits de la vie. S'il n'y avait pas d'autres mondes dans la nature, le mouvement chez les être humains et les animaux serait une chose impossible ; et même si ceux-ci avaient été créés avec le pouvoir de se mouvoir, l'incitation au mouvement et à l'action leur manquerait. La science occulte constate que l'action a son commencement dans le Monde du Désir.

Le Monde du Désir est divisé en 7 Régions. La substance Désir sert à concrétiser les désirs et existe sous 7 états correspondant aux 7 divisions ou Régions du Monde du Désir. Dans ce monde, un désir est aussi tangible que l'est en ce Monde Physique tout objet matériel. Nous y rencontrons les forces qui agissent sur le corps dense vivifie et le poussent à l'action dans un sens ou dans l'autre. S'il n'existait pas d'autres activités que celles des Régions Chimique et Éthérique du Monde Physique, il y aurait bien des formes douées de vie, capables de se mouvoir et de se reproduire, mais sans que rien ne les y invite. Cette impulsion est donnée par les forces cosmiques actives dans le Monde du Désir, et ceci dans le but de créer des expériences afin d'engendrer un développement moral pour l'homme.

La matière du Monde du Désir est pour ainsi dire vivante, constamment en mouvement, fluide, prenant avec une facilité et une rapidité inconcevable toutes les formes imaginables ou inimaginables ; elle brille et scintille sans arrêt, passant par des milliers de teintes toujours changeantes, en se mêlant aux énergies des animaux et de l'homme ainsi qu'à celles d'innombrables Hiérarchies d'êtres spirituels.

Les désirs, les souhaits, les passions et les sentiments trouvent leur expression dans la substance des différentes régions du Monde du Désir. Ils s'y manifestent par les formes dont la durée d'existence est proportionnée à l'intensité du sentiment primitif.

Pour avoir une compréhension raisonnable du monde du désir, il faut bien se rappeler qu'il est le monde des sentiments, des désirs, des souhaits et des émotions. De même que nos os, notre sang et notre chair sont formés de matière chimique, ainsi nos désirs et nos émotions sont formés de la matière du monde du désir ; et de même que nos corps denses sont soumis à la pesanteur et aux autres lois physiques, ainsi nos désirs et autres sentiments sont dominés par l'Attraction et la Répulsion, les deux grandes forces du monde du désir.

La Répulsion est la force prédominante dans les trois régions inférieures ou plus denses.

L'Attraction règne seule dans les trois régions supérieures où la matière est plus raréfiée, mais elle est aussi présente jusqu'à un certain point dans les trois régions inférieures, où elle s'oppose à la force de Répulsion.

La région centrale est la région des « Sentiments ». Là, l'« Intérêt » ou l'« Indifférence » pour un objet ou une idée fait pencher la balance en faveur de l'une des deux forces d'attraction ou de répulsion, reléguant ainsi l'objet ou l'idée qui a engendré le sentiment dans les trois régions supérieures ou les trois régions inférieures, ou bien, selon le cas, l'écartant de nos vies.

L'action ou le fait de s'en abstenir (qui est une action négative) sont dus aux deux sentiments jumeaux : – l'intérêt, qui met en mouvement les deux formes jumelles d'Attraction et de Répulsion ; – ou d'indifférence qui simplement nous coupe et nous éloigne de l'objet ou de l'idée contre lesquels elle est dirigée. Si notre intérêt pour un objet ou une idée engendre la répulsion, cela nous détermine évidemment à nous efforcer de les rejeter de nos vies ; mais, comme l'ont montré nos exemples, il y a une très grande différence entre la force de répulsion et le sentiment d'indifférence.

RÉGIONS DENSES DU MONDE DU DÉSIR

Dans la région la plus dense, c'est-à-dire la plus basse, où la Répulsion se manifeste avec le plus de puissance, elle déchire et met en pièces d'une manière terrible à voir, les formes qui y prennent naissance. Pourtant, elle est loin d'être une force hostile. Rien dans la nature est hostile ; tout ce qui parait l'être ne travaille en définitive que pour le bien, comme le fait la Répulsion dans la Région la plus basse du Monde du Désir où les formes ne sont que des créations démoniaques, édifiées par les passions et les désirs les plus vils de l'homme et des bêtes. Dans le Monde du Désir, la tendance de chaque forme est d'attirer tout ce qui est de même nature, afin de se développer par ce moyen. Si cette tendance à l'attraction venait à prévaloir dans les régions inférieures, le mal croîtrait comme les mauvaises herbes. Ce serait dans le cosmos l'anarchie au lieu de l'ordre. La prépondérance de la Répulsion dans cette région empêche ce résultat.

Quand la forme d'un désir vil est attiré par une autre forme de même nature, il y a discordance entre leurs vibrations et elles ont l'une sur l'autre un effet destructeur. Par conséquent, au lieu de s'unir et d'amalgamer le mal avec le mal, elles agissent avec un pouvoir réciproque de destruction qui a pour effet de maintenir le mal dans les limites raisonnables.

- La 1ere subdivision, la région la plus basse de ce monde, est appelée « Région de la Passion et des Désirs sensuels ».
- La 2ème subdivision peut être nommée « Région de l'impressionnabilité », les forces de l'Attraction est de la Répulsion s'y équilibrent à peu près. C'est pour ainsi dire une région neutre, de sorte que toutes nos impressions construites avec la substance de cette subdivision sont neutres.
- La 3ème subdivision est la « Région des souhaits ». L'Attraction, la force qui assemble et construit, l'emporte déjà sur la Répulsion, dont l'action est de détruire. La substance de cette région est principalement soumise à la force d'Attraction vers de nouveaux objets, mais dans un but égoïste.

La Région des Désirs vils peut être comparée aux solides du Monde Physique ; la Région de l'Impressionnabilité, aux liquides. La nature changeante de la Région des Souhaits la rend comparable à la partie gazeuse du Monde Physique. Ces trois subdivisions fournissent la substance des formes qui contribuent à l'expérience, à la croissance de l'âme et à l'évolution, éliminant les éléments complètement destructeurs et retenant ce qu'il est possible d'utiliser pour le progrès.

RÉGION CENTRALE DU MONDE DU DÉSIR

La Région centrale peut être considérée comme une zone neutre : c'est la « Région du Sentiment ». Là, notre intérêt ou notre indifférence pour un objet ou une idée fait pencher la balance en faveur de l'une des 2 forces, celles de l'Attraction ou de la Répulsion. L'objet ou l'idée est alors, soit reporté aux 3 plus hautes, soit aux 3 plus basses Régions du Monde du Désir, soit rejeté.

Il importe peu, pour le moment, que les idées ou objets présentés soient bons ou mauvais ; l'Intérêt ou l'Indifférence sont les seuls facteurs qui déterminent leur sort. L'Intérêt met en mouvement les forces d'Attraction et de Répulsion. L'Indifférence flétrit l'idée ou l'objet contre lequel elle est dirigée, tout au moins en ce qui concerne nos rapports avec lui.

RÉGIONS SUPÉRIEURES DU MONDE DU DÉSIR

Dans la substance des 3 régions supérieures, l'Attraction règne seule, mais elle agit aussi dans une certaine mesure sur la substance des 3 régions inférieures ou elle s'oppose à la Répulsion qui y domine et qui sans cette réaction, aurait vite fait de désintégrer toute forme qui risquerait de s'y aventurer.

Les noms des trois Subdivisions supérieures du Monde du Désir sont :

- La « Région de la Vie de l'Âme »,
- La « Région de la Lumière de l'Âme »,
- La « Région du Pouvoir de l'Âme ».

Elles sont le domaine de l'Art, de l'Altruisme, de la Philanthropie et de toutes les activités de la vie supérieure de l'âme. En comprenant que ces régions rayonnent dans les formes des trois subdivisions inférieures les qualités que leurs noms indiquent, nous aurons une idée exacte des activités supérieures et inférieures du Monde du Désir. Néanmoins, le Pouvoir de l'Âme peut temporairement être mis aussi bien au service du mal qu'à celui du bien ; mais, s'il y a lieu, la Répulsion détruit le vice et, sur ses ruines éparses, l'Attraction élève la vertu. Tout en définitive, travaille pour le BIEN.

Les 3 régions supérieures du Monde du Désir sont le *Summerland* (pays de l'éternel été, du bonheur) des Spirites. C'est avec la matière de cette région que nos pensées, pen-dant la vie, construisent les formes réelle que nous avons dans notre imagination. Une caractéristique des mondes intérieurs est que leur matière est promptement façonnée par la pensée et la volonté.

Toutes ces formes fantastiques créées par nous vont et viennent, animées par des élémentals, et durent aussi long-temps que durent la pensée et le désir qui les ont formés.

LE MONDE DE LA PENSÉE

Le corps dense formé de la substance inerte de la région chimique, animé et vivifié par le corps vital composé des Éthers de la région éthérique, reçoit du Corps du Désir l'in-citation à agir, incitation que les animaux suivent totalement, mais qui chez l'homme est freinée par un autre facteur ; la raison, qui le détermine parfois à agir contre son désir. S'il n'y avait pas dans la nature d'autres mondes que le Monde Physique et le monde du désir, ce facteur ne saurait exister ; nous aurions le minéral, le végétal et l'animal, mais l'homme, être pensant et doué de raison, serait une impossibilité dans la nature.

Le Monde de la Pensée doit être pris en considération pour expliquer la condition de l'homme. Car de sa substance est formé l'intellect, destiné à agir comme un frein sur les im-pulsions du Corps du Désir ; il nous dicte des actes contraires aux impulsions des sentiments jumeaux, grâce à un point de vue plus large auquel nous arrivons par la raison.

Le Monde de la Pensée comprend 7 subdivisions, de qua-lités et de densités différentes ; il est divisé en 2 parties prin-cipales :

1. La Région de la Pensée Concrète, qui comprend les 4 subdivisions les plus denses ;
2. La Région de la Pensée Abstraite, qui comprend les 3 subdivisions renfermant la substance la plus sub-tile.

Le Monde de la Pensée est au centre des 5 Mondes d'où l'homme tire ses divers véhicules. En lui l'esprit et le corps se rencontrent. C'est aussi le plus élevé des 3 mondes dans lesquels l'évolution de l'homme se développe actuellement, car nous sommes pratiquement sans relations avec les deux mondes plus élevés, pour le moment.

La Région de la Pensée concrète fournit la substance desti-née à revêtir les idées qui prennent naissance dans la Région de la Pensée abstraite et qui, ainsi concrétisées, deviennent les formes-pensées. Celles-ci servent de régulateur et de ba-lancier aux impulsions produites dans le Monde du Désir par les impressions du Monde Phénoménal (physique).

RÉGION CONTINENTALE

Les archétypes des formes physiques, à quelque règne qu'elles appartiennent, se trouvent dans la subdivision la plus basse, la « Région Continentale ». Nous y rencontrons aussi les archétypes des îles et des continents du globe terrestre. Toutes les modifications que subit la surface de la Terre doivent être élaborées en premier lieu dans cette « Région Continentale ». Il faut tout d'abord que les archétypes soient modifiés. Alors les Intelligences appelées par nous les « Lois de la Nature » (afin de cacher notre ignorance) sont en mesure d'établir les nouvelles conditions physiques destinées à provoquer dans les traits de notre Terre les changements décidés par les Hiérarchies di-rectrices de l'évolution.

Ces Hiérarchies arrêtent le plan des modifications, tout comme un architecte établit le projet de celles qu'il veut ap-porter à un édifice avant que les ouvriers ne leur donnent une expression concrète. Tous les changements qui se produisent dans la flore et la faune sont dus également à des métamor-phoses de leurs archétypes respectifs. Ce serait une erreur de croire que les archétypes de toutes les formes les plus di-verses du Monde Physique sont simplement des modèles, des reproductions d'objets en miniature, ou encore des objets-types établis avec d'autres matières que celles convenant à leur emploi final. Ce ne sont pas seulement des images ou des modèles des formes qui nous environnent, mais bien des archétypes créateurs. Ils moulent et façonnent les formes du Monde Physique à leur propre image, ou à leurs images car souvent plusieurs s'unissent pour former une certaine espèce.

Chaque archétype donne alors une partie de lui-même pour construire la forme voulue.

RÉGION OCÉANIQUE

La deuxième subdivision de la Région de la Pensée Concrète est appelée «Région Océanique». Dire qu'elle est la vitalité palpitante et ondoyante est la meilleure description qu'on puisse en donner. Toutes les forces dont les quatre Éthers de la Régions Éthérique constituent le champ d'action y sont visibles comme archétypes. C'est un torrent de vie partout identique à elle-même qui déferle et palpite à travers toutes les formes, comme le sang à travers le corps. C'est là que le clairvoyant expérimenté peut voir à quel point «la Vie est Une». Les Archétypes et les Forces de cette région sont Les Archétypes de la vitalité universelle.

RÉGION AÉRIENNE

La «Région Aérienne» est la troisième subdivision de la Région de la Pensée Concrète. Nous y rencontrons les archétypes des désirs, des passions, des souhaits, des sentiments et des émotions que nous éprouvons dans le Monde du Désir. Toutes les activités de ce monde nous apparaissent là comme des conditions atmosphériques. Les sentiments de plaisir et de joie sont, pour les sens du clairvoyant, comme la caresse d'une brise d'été ; les vagues désirs de l'âme ressemblent à la plainte du vent dans le feuillage, tandis que les passions des nations en guerre entre elles rappellent les éclairs aveuglants des coups de foudre. Les émotions de l'homme et des animaux sont aussi reproduites dans l'atmosphère de cette Région.

Les Archétypes et les Forces de cette région sont Les Archétypes des désirs et des émotions.

RÉGION DES FORCES ARCHÉTYPALES

La «Région des Forces Archétypales», la 4ème subdivision de la Région de la Pensée Concrète (la région de l'intellect), est la région centrale la plus importante des 5 Mondes où s'accomplit entièrement l'évolution de l'homme. D'un côté se trouvent :

1. Le Monde de l'Esprit Divin
2. Le Monde de l'Esprit de Vie
3. Le 3 Régions supérieures du Monde de la Pensée (formant l'Esprit Humain ; région de la pensée abstraite)

De l'autre côté, nous rencontrons :
1. Les 3 Régions inférieures du Monde de la Pensée (région de la pensée concrète)
2. Le Monde du Désir
3. Le Monde Physique

Cette Région est donc une sorte de «frontière» entre les Royaumes Spirituels et les Mondes de la forme ; c'est le point focal par lequel l'esprit se reflète dans la matière.

Comme son nom l'indique, elle est la demeure des Forces Archétypales qui dirigent l'activité des Archétypes dans la Région de la Pensée Concrète. C'est à travers elle que l'Esprit travaille sur la matière pour lui donner les formes les plus variées. Les Archétypes et les Forces de cette région sont les Forces Archétypales et l'intellect humain.

En conclusion, l'homme est un être très complexe, un citoyen de trois mondes (qui représente le champ de l'évolution de l'homme), avec lesquels il entre en relation par une chaîne ininterrompue de cinq véhicules (qui est la scène de la phase actuelle de son développement) ; ceux-ci lui donnent une conscience pleinement éveillée qui le rend capable de voir les objets dans l'espace autour de lui en contours clairs et bien définis.

RÉFLEXION DES MONDES SUPÉRIEURS DANS LES MONDES DU DÉSIR, VITAL ET PHYSIQUE

Les formes dans le monde inférieur sont des images réfléchies de l'Esprit situé dans les Mondes Supérieurs. La cinquième région du Monde de la Pensée, la plus rapprochée du point focal du côté Esprit, se reflète dans la troisième du même Monde la plus voisine du foyer, du côté Forme.

La sixième région se reflète dans la seconde et la septième dans la première. L'ensemble de la Région de la Pensée Abstraite est reflété dans le Monde du Désir; le Monde de l'Esprit de Vie dans la région Éthérique du Monde Physique, et le Monde de l'Esprit Divin dans la région Chimique du plan Physique.

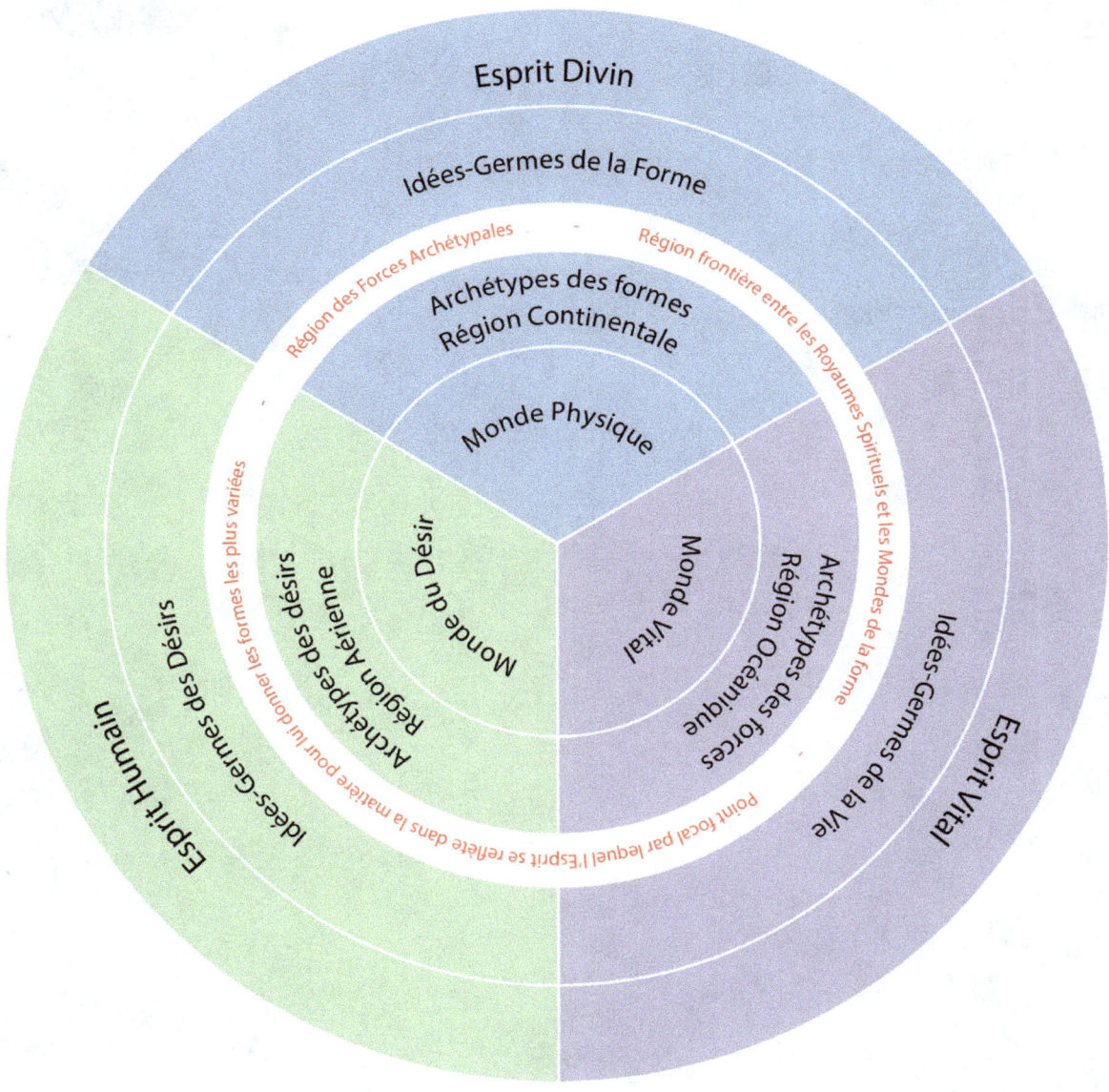

L'EGO ET SES VÉHICULES

L'EGO ET SES VÉHICULES

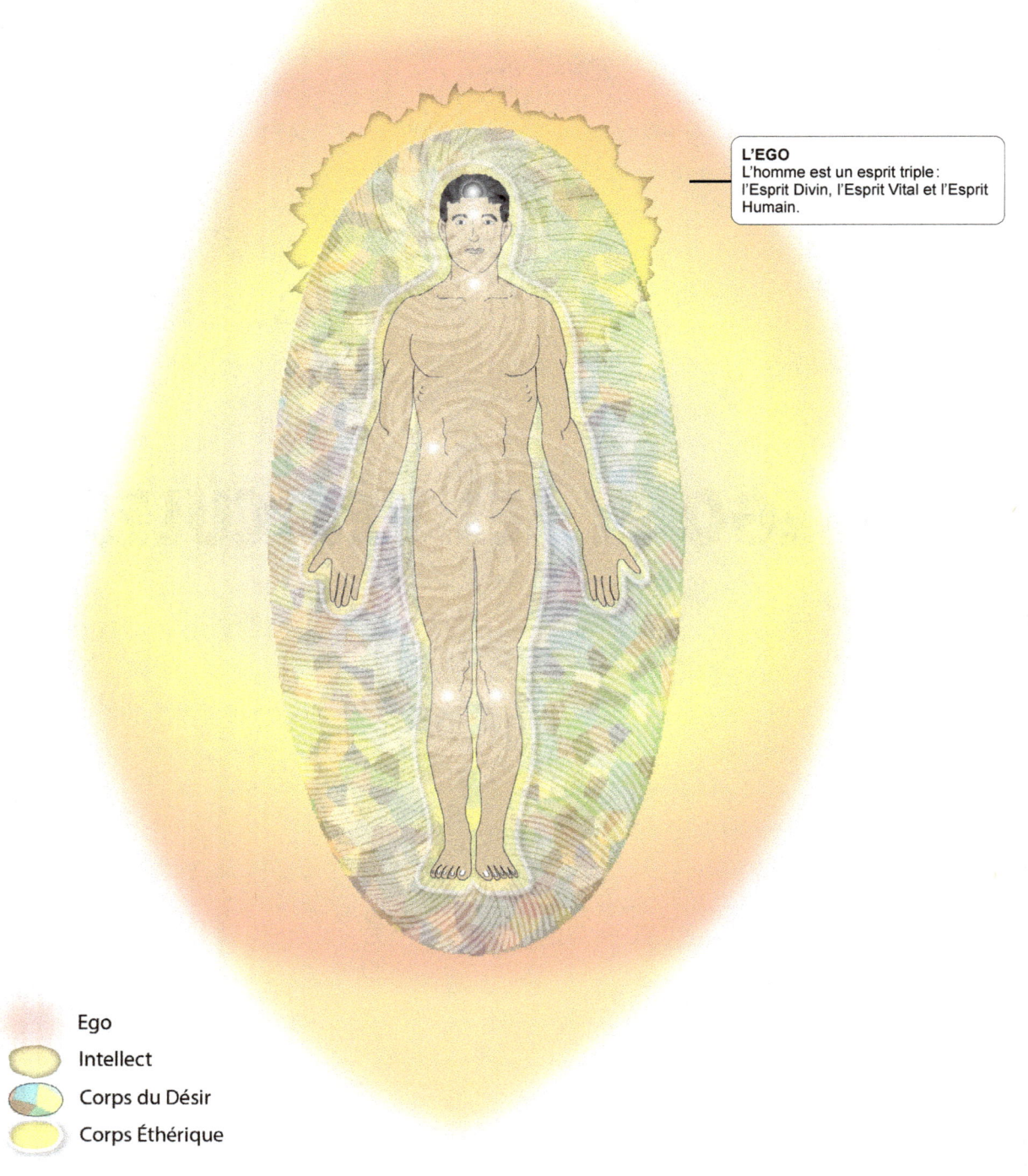

L'EGO
L'homme est un esprit triple :
l'Esprit Divin, l'Esprit Vital et l'Esprit
Humain.

Ego

Intellect

Corps du Désir

Corps Éthérique

L'HOMME ET LES DIFFÉRENTS « MONDES »

En passant derrière la scène du monde visible, nous réalisons que l'homme est un être composite — esprit, âme et corps.

Pendant que l'homme vit une vie extérieure dans le monde de la forme (en tant que forme au milieu d'autres formes) il vit aussi d'une vie intérieure qui, pour lui, a une importance bien plus grande.

Dans cette vie intérieure, ses sentiments, ses pensées, ses émotions créent devant sa « vision intérieure » des images, des scènes continuellement changeantes. Plus cette vie intérieure est pleine, moins l'homme a besoin de rechercher la compagnie d'autres personnes, car il est son propre compagnon, et le meilleur; il est indépendant des distractions extérieures si vivement recherchées par ceux dont la vie intérieure est improductive, par ceux qui connaissent une foule de gens mais sont pour eux-même des étrangers, effrayés de leur propre compagnie.

Si nous analysons cette vie intérieure, nous lui trouvons deux aspects:

1. La Vie de l'Âme, en rapport avec les sentiments et les émotions;

2. L'activité de l'Ego, qui dirige tous nos actes par la pensée.

Le monde matériel est le terrain d'où sont tirés les matériaux pour le corps physique; il est essentiellement le monde de la forme. De même, il y a un monde de l'âme que les Rosicruciens appellent le Monde du Désir, qui est le fond d'où provient le subtil vêtement de l'Ego que nous appelons l'âme; et ce monde est essentiellement le monde de la couleur. Mais le Monde de la Pensée, plus subtil encore, est la demeure de l'Esprit humain, l'Ego, et aussi le royaume du son. Donc, des trois arts (Sculpture, Peinture et Musique), la musique a le plus grand pouvoir sur l'homme. Car dans cette vie terrestre, nous sommes exilés de notre demeure céleste, et souvent nous l'avons même oubliée dans nos occupations matérielles. La musique surgit alors comme un doux parfum chargé d'indicibles souvenirs; comme un écho de notre demeure céleste, elle nous rappelle ce pays oublié où tout est joie et paix; et, bien que notre intelligence matérielle puisse rejeter de telles idées, l'Ego reconnaît dans chaque note bénie un message de sa patrie et y trouve sa joie.

L'EGO ET SES VÉHICULES

L'homme est un esprit triple, possédant un intellect au moyen duquel il gouverne un corps triple. Afin d'acquérir de l'expérience, il a émané de lui-même ce corps, qu'il transmue en âme triple pour s'élever de l'impuissance à la toute puissance.

L'Ego a donc plusieurs instruments: un corps physique, un corps vital, un Corps du Désir et un intellect. Ce sont les outils de l'Esprit: de leur qualité et de leur état dépend la quantité de travail qu'il peut accomplir, dans chaque vie, pour acquérir de l'expérience. Les archétypes de ces véhicules sont construits avant chaque vie terrestre.

Les véhicules eux-mêmes sont bons, mauvais, ou médiocres, selon ce que nous avons appris par nos expériences passées en les construisant. À mesure que nous travaillons avec ces merveilleux outils, ils se perfectionnent et acquièrent plus de puissance et d'efficacité.

Le temps nécessaire pour acquérir un développement spirituel positif varie avec chaque individu et dépend de son application, de son stade dans l'évolution et de la destinée mûre qui doit être liquidée dans chaque vie. Si quelqu'un s'éveille de l'habituelle léthargie et éprouve le désir de progresser, la question se pose ordinairement : « Que dois-je faire ? » La réponse est : travaillez à perfectionner vos véhicules et, en même temps, les employer constamment au service de l'humanité. Le travail sur les différents corps de l'homme se fait d'une façon simultanée. Un corps ne peut être influencé sans affecter les autres, mais le travail principal, dans une vie particulière, peut être fait sur n'importe lequel d'entre eux.

Une marche verticale, un larynx vertical et le sang chaud sont les trois choses qui permettent à un corps de servir à l'expression d'un Ego individuel.

Pendant la vie, l'esprit triple, l'Ego travaille dans et sur le véhicule triple, auquel le relie le lien de l'Intellect. Le résultat de ce travail amène la formation de l'âme triple qui est le produit spiritualisé des véhicules.

L'homme devient un individu lorsque son propre Esprit, affranchi de l'Esprit-groupe, entre dans son corps et commence à assumer lui-même la direction de ses pensées et de ses actions.

Chaque espèce animale est l'émanation d'un « esprit-groupe » qui gouverne les individus de l'extérieur, par suggestion ; il fonctionne dans le monde du désir ; et comme il n'y a pas de distance dans ce monde, l'esprit-groupe peut influencer ses membres, où qu'ils soient placés. L'esprit humain, l'Ego, au contraire, pénètre à l'intérieur d'un corps physique ; il y a dans chaque homme un esprit individuel, qui habite dans son instrument et le guide de l'intérieur. Ce sont là deux degrés d'évolution totalement différents, et il est aussi impossible pour l'homme de s'incarner dans un corps animal que pour un esprit-groupe de prendre la forme humaine.

Pendant que s'écoulent les années d'enfance et de jeunesse, l'Ego intérieur façonne son corps de telle manière qu'il se reflète dans les traits du visage ; il n'y a donc jamais deux personnes exactement semblables. Même des jumeaux qu'on ne pouvait distinguer dans l'enfance diffèrent à mesure qu'ils grandissent, du fait que les traits de chacun expriment la pensée de l'Ego intérieur.

À l'état de veille, tous ces véhicules s'interpénètrent, comme le sang, la lymphe et les autres fluides du corps se pénètrent naturellement. Grâce à ces véhicules, l'Ego est capable d'agir dans le Monde Physique.

1 — LE CORPS DENSE

— le corps dense, instrument dans l'action —

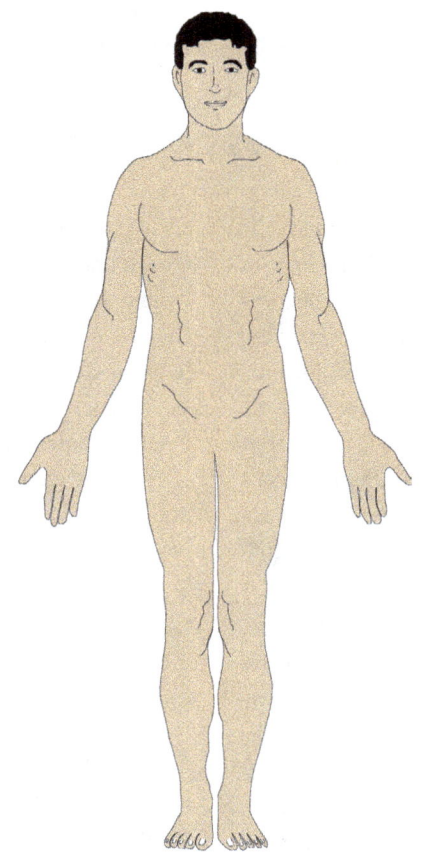

LE CORPS DENSE

Dans le Monde Physique, il faut un corps dense adapté à notre milieu d'existence, sinon nous serions des fantômes invisibles pour la plupart des êtres de ce monde.

Le corps dense est un instrument d'une construction merveilleuse, digne de l'admiration de tous ceux qui prétendent avoir quelque connaissance de la constitution de l'homme. Le sage est plein de gratitude pour la possession de son corps dense et il en prend le plus grand soin, car il sait que c'est le plus précieux de ses véhicules actuels.

Dans certains cas un génie a besoin pour s'exprimer de posséder des organes d'une construction spéciale qui demandent des âges pour leur développement. L'Ego renaît alors naturellement dans une famille dont les membres ont, depuis des générations, travaillé à construire un organisme analogue. Le corps est un instrument dont le travail dépend de l'Ego qui le guide, de même que la qualité de la mélodie dépend de l'habileté du musicien, secondée par le timbre de l'instrument.

Le cerveau est le clavier du merveilleux instrument sur lequel l'esprit humain joue la symphonie de la vie, comme un musicien s'exprime sur son violon.

LA SANTÉ ET LE DÉVELOPPEMENT DU CORPS PHYSIQUE

Le but du travail sur les différents corps est l'union avec le Soi Supérieur. Une attention très stricte donnée à l'hygiène et à l'alimentation est particulièrement bénéfique pour le corps physique. Cela produit aussi un léger effet sur le corps vital et le Corps du Désir. À mesure que des matériaux plus purs et meilleurs sont introduits dans le corps physique, les particules de celui-ci s'enveloppent d'Éther et de substance-désir planétaires plus purs. Mais si l'attention se porte uniquement sur la nourriture et l'hygiène, le corps vital et le Corps du Désir peuvent rester à peu près ce qu'ils étaient, excepté qu'il est plus facile pour la personne d'entrer en contact avec les mondes invisibles que si elle se nourrissait d'aliments grossiers.

Au point de vue occulte, il est désirable que l'Ego demeure aussi longtemps que possible dans chaque corps physique, particulièrement lorsqu'il a commencé à vivre une vie spirituelle, afin qu'il puisse conserver aussi longtemps que possible un corps qui est devenu à un certain degré sensible aux incitations de l'esprit. Il importe beaucoup, par conséquent, que nous choisissions des aliments et des boissons qui ne déposeront dans les tissus du corps que la plus petite quantité possible de matière calcaire, ceux qui nécessitent le minimum d'énergie pour les assimiler, mais qui, en même temps, maintiendront le corps dans des conditions normales.

Le corps entier, c'est une vérité évidente, est nourri par le sang ; tout ce que celui-ci contient, de quelque nature que ce soit, s'est trouvé tout d'abord dans le sang. L'analyse montre que le sang contient des substances terreuses et que le sang artériel contient plus de matière terreuse que le sang veineux. Ce fait une grande importance, car il montre qu'à chaque cycle le sang dépose des matières terreuses qui finissent par envahir l'organisme. Les aliments liquides et solides qui nourrissent le corps doivent être ainsi la source primaire de la matière calcaire que le sang dépose dans tout le système et qui cause le vieillissement et finalement la mort.

Pour entretenir la vie physique, il est nécessaire que nous mangions et que nous buvions ; il convient que l'étudiant en occultisme, recherche quels sont les aliments qui contiennent la plus faible proportion d'éléments obstructifs. Comme chaque être humain est à un stade différent de développement, on ne peut pas donner de règles absolues, la question d'alimentation est toute individuelle.

2 — LE CORPS VITAL

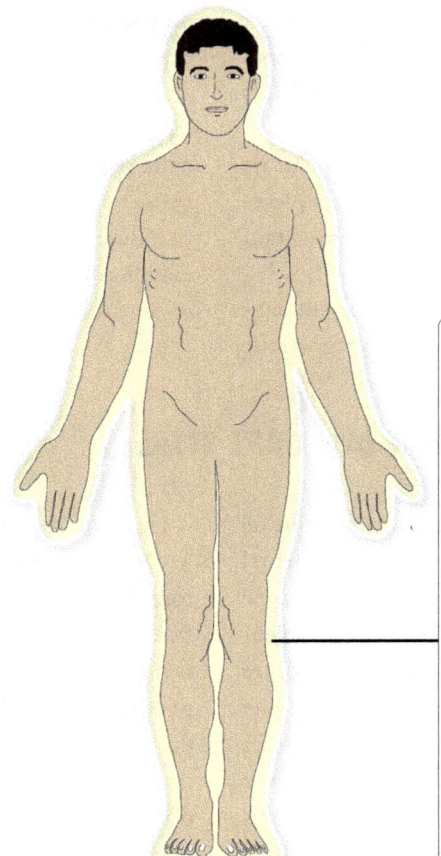

LE CORPS VITAL

Le corps vital est le siège de la mémoire. Il contient les messages subconscients de tous les éléments passés de notre vie, qu'ils soient bons ou mauvais, et aussi celles des torts que nous avons infligés ou subis et des bienfaits reçus ou dispensés.

ÉTHER RÉFLECTEUR :
-- Mémoire volontaire, mental conscient. Résultat de la réception des sens.

ÉTHER LUMIÈRE ET ÉTHER RÉFLECTEUR :
-- Corps de l'Âme, c'est là la partie du corps vital que l'aspirant conserve d'une vie à l'autre et qu'il immortalise en tant qu'Âme Intellectuelle.

ÉTHER LUMIÈRE :
+ Gouverne le cœur pour maintenir le sang à bonne température de manière à permettre à l'Ego de s'exprimer correctement.
-- Sens.

ÉTHER VITAL :
+ Liquide séminal (Homme).
-- Gestation (Femme).

ÉTHER CHIMIQUE :
+ Assimilation.
-- Élimination.

Corps Éthérique

LE CORPS VITAL

Il faut un corps vital à l'homme pour être capable d'exprimer la vie, de croître ou de manifester les autres qualités spéciales à la Région Éthérique. Le corps vital a son siège dans la rate.

Le corps vital de la plante, de l'animal et de l'homme s'étend au delà de la périphérie du corps dense, comme la Région Éthérique, qui est le corps vital de notre planète, s'étend au delà de sa partie dense. Le corps vital interpénètre le corps physique et s'étend de 4 centimètres environ au-delà de celui-ci. La partie extérieure au corps dense est très lumineuse, et sa couleur ressemble à celle d'une fleur de pêcher fraîchement éclose. Le corps vital de l'homme est féminin et négatif, alors que celui de la femme est masculin et positif.

La texture du corps vital peut être comparée à celle d'un de ces cadres pour portraits faits de centaines de petites pièces de bois qui s'emboîtent les unes dans les autres en présentant d'innombrables petites aspérités.

Le corps vital a des millions de pointes ; elles entrent dans les centres creux des atomes physiques et les imprègnent de force vitale. Celle-ci les fait vibrer beaucoup plus rapidement qu'elle ne le fait chez les minéraux qui ne sont pas accélérés et animés ainsi.

Pendant toute la durée de la vie, le corps vital construit et restaure la forme matérielle. Sans l'activité du cœur éthérique, le cœur physique succomberait rapidement sous l'effort constant que nous lui demandons. Tous les abus auxquels nous soumettons le corps matériel sont neutralisés, dans la mesure du possible, par le corps vital, qui lutte sans cesse contre sa désintégration.

La source de notre force vitale est le Soleil, et cette force entre dans le corps dense à travers la contrepartie éthérique de la rate. Ainsi, la séparation du corps vital d'avec le corps dense empêche l'entrée de la force solaire, et si cette séparation dure suffisamment longtemps, la mort survient. Les radiations du corps vital, lorsque celui-ci est en santé, expulsent les germes de la maladie.

LA SANTÉ ET LE DÉVELOPPEMENT DU CORPS VITAL

Le développement occulte ne commence pas avant que ne débute le travail sur le corps vital. Le principe fondamental pour la construction du corps vital est la répétition. Il est donc de la plus haute importance que les vérités spirituelles soient répétées encore et toujours, dans un effort pour exprimer l'amour et l'altruisme du Christ dans la vie de chaque jour. Les Guides de l'humanité qui désirent nous aider par certains exercices, ont institué la prière en tant que moyen d'amener le pouvoir des pensées élevées à agir sur le corps vital. Si nous prions correctement, nous nous élevons vers Dieu, travaillant ainsi sur notre corps vital et le purifiant.

La concentration est d'une valeur inestimable, elle aide à séparer les deux Éthers supérieurs du corps vital des deux Éthers inférieurs ; les premiers constituent le Corps de l'Âme. Cette séparation est nécessaire avant que l'aspirant puisse voyager ou fonctionner consciemment dans les plans supérieurs. Cependant, la prière, lorsqu'elle est inspirée par une dévotion pure et désintéressée et qu'elle tend vers des idéaux élevés, est beaucoup plus efficace que la froide concentration.

La mémoire subconsciente est un facteur important dans le développement de l'homme. Chaque fois que nous respirons, l'air qui entre dans nos poumons y transporte une image fidèle et détaillée de tout ce qui nous entoure. La plus petite pensée, émotion, et le moindre sentiment, sont transmis aux poumons qui les font passer dans le sang. Le sang est le produit supérieur du corps vital. Les images qu'il contient sont imprimées sur les atomes négatifs du corps vital pour servir d'arbitres de la destinée de l'homme, dans l'état qui suit immédiatement la mort. Si une personne crée une forme-pensée de nature constructive ou destructrice et qu'elle la projette dans le monde, quand le travail assigné a été accompli ou que son énergie a été dépensée en vaines tentatives pour arriver à son but, elle retourne à son créateur portant avec elle l'enregistrement indélébile du voyage ; son succès ou son échec s'imprime sur les atomes négatifs de Éther Réflecteur où elle forme cette partie des archives de la vie et des actions du penseur que l'on appelle parfois l'intellect subconscient.

Là où la liaison entre les centres sensoriels du corps dense et du corps vital se fait de biais, là où parfois la tête du corps vital s'élève au-dessus de la tête du corps dense au lieu de lui être concentrique, le corps vital n'est ajusté ni aux véhicules supérieurs, ni au corps dense ; nous avons alors l'idiot docile. Là où les corps dense et vital sont bien ajustés, mais où il y a rupture entre le corps vital et le Corps du Désir, la condition est la même.

3 — LE CORPS DU DÉSIR

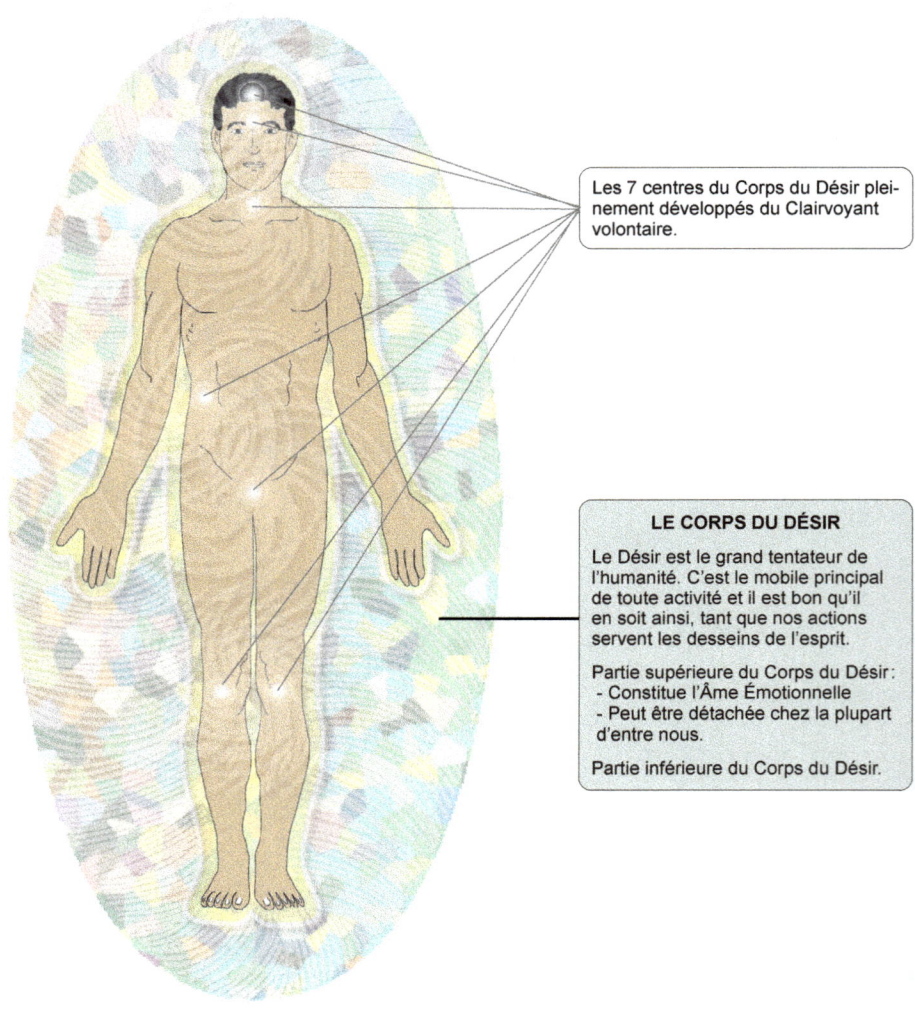

Les 7 centres du Corps du Désir pleinement développés du Clairvoyant volontaire.

LE CORPS DU DÉSIR

Le Désir est le grand tentateur de l'humanité. C'est le mobile principal de toute activité et il est bon qu'il en soit ainsi, tant que nos actions servent les desseins de l'esprit.

Partie supérieure du Corps du Désir :
- Constitue l'Âme Émotionnelle
- Peut être détachée chez la plupart d'entre nous.

Partie inférieure du Corps du Désir.

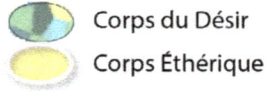

Corps du Désir
Corps Éthérique

LE CORPS DU DÉSIR

Pour manifester des sentiments et ressentir des émotions, il est nécessaire d'avoir un véhicule composé de substance du Monde du Désir.

Le Corps du Désir a son siège dans le foie.

Le Corps du Désir de l'homme est un ovoïde lumineux qui dépasse de 30 à 40 centimètres la périphérie du corps dense. La substance du Corps du Désir de l'homme est constamment agitée d'un mouvement d'une rapidité inconcevable. Aucune particule n'a de place fixe, comme dans le corps dense.

Le Corps du Désir de l'homme est composé de substances des 7 régions du monde du désir, de même qu'un corps physique est construit de solides, liquides et gaz de ce monde. Mais la quantité de matière de chaque région dans le Corps du Désir de l'homme dépend de la nature des désirs qu'il nourrit. Les désirs grossiers sont composés de la matière émotionnelle la plus grossière, qui appartient à la région la plus basse du monde du désir ; une personne qui possède de tels désirs construit un Corps du Désir grossier, où prédomine la matière des régions les plus basses. Si une autre personne rejette avec persistance loin d'elle les désirs grossiers, n'obéissant qu'aux désirs purs et bons, son Corps du Désir sera formé de matériaux des régions les plus élevées.

Actuellement, nul n'est totalement bon ; nous sommes tous des mélanges de ces deux types de substance ; mais il peut y avoir, et il y a en fait, des différences dans leurs proportions.

Dans le Corps du Désir de quelques-uns il y a une prépon-dérance de la matière grossière, dans d'autres, prépondérance de la matière fine ; et cela fait toute la différence dans le milieu et la situation du décédé à son entrée dans le monde du désir après la mort.

Le Corps du Désir contient 7 centres de perception qui sont le moyen par lequel une personne entre en contact avec le Monde du Désir. Chez la majorité des gens, les centres sont de simples remous. Chez le clairvoyant involontaire, mal développé par des méthodes négatives, ces tourbillons tournent de droite à gauche, dans le sens opposé à celui des aiguilles d'une montre, et ressemblent à un miroir qui réfléchit simplement les scènes environnantes, sans qu'il lui soit possible d'observer ce qu'il désire.

Dans le Corps du Désir du clairvoyant volontaire, correctement développé, ils tournent dans le même sens que les aiguilles d'une horloge, brillent avec une splendeur éblouissante et surpassent de beaucoup la luminosité scintillante du corps. Ces centres lui donnent le moyen de percevoir les choses du Monde du Désir et lui permettent de voir et d'observer ce plan comme il l'entend.

Le Corps du Désir d'un primitif a des couleurs sombres, alors que celui d'une personne hautement spiritualisée offre un spectacle glorieux : c'est un ovoïde lumineux qui s'étend bien au-delà du corps dense, et dont les couleurs prédominantes sont l'or et le bleu.

LA SANTÉ ET LE DÉVELOPPEMENT DU CORPS DU DÉSIR

L'effet des pensées de crainte et de souci sur le Corps du Désir est très nuisible au développement de l'âme. Sous l'action des soucis, les courants du Corps du Désir ne circulent plus en longues lignes courbes comme ils le font dans les conditions normales, alors ce véhicule est plein de remous et dans les cas extrêmes il n'y a que des remous. Cette dernière situation empêche souvent la personne d'entreprendre l'action qui pourrait corriger la condition qui lui cause du souci et des tracas. Ceci peut être comparé à de l'eau qui est en voie de congélation parce qu'elle est exposée à une température qui est en train de baisser. La crainte qui s'exprime sous forme de scepticisme, de cynisme, de pessimisme peut être comparée à cette même eau lorsqu'elle est congelée, car le Corps du Désir des personnes qui nourrissent habituellement ces pensées est presque inerte, et il semble que rien de ce qu'on puisse dire ou faire n'ait le pouvoir de modifier leur situation. Chaque fois que nous permettons à une pensée de ce genre de prendre corps, elle contribue à augmenter la congélation de la substance du Corps du Désir et aide à former une carapace bleu acier dans laquelle la personne qui, habituellement, entretient ces pensées de crainte et de souci, se sentira à un moment donné exclue de l'amour, de la sympathie et de l'aide du monde entier. C'est pourquoi il est important que nous nous efforcions d'être gais et optimistes, même dans des conditions difficiles, sinon nous nous trouverons, ici-bas et dans l'au-delà, dans une situation grave.

Beaucoup de personnes quittent la vie physique ayant à peu près le même caractère qu'elles avaient en y entrant. Mais l'aspirant doit faire mieux que cela ; il doit systématiquement triompher de toutes les attaques du Corps du Désir afin d'en gagner la maîtrise. Il doit, par de nobles aspirations, surmonter l'amour égoïste qui cherche la possession d'une autre per-sonne ; il doit subjuguer tous les désirs de richesse, puissance ou célébrité inspirés par des motifs étroits, personnels. Un accès de colère peut provoquer l'empoisonnement de l'organisme entier. Aussi l'aspirant doit-il cultiver un caractère égal au milieu des différents ennuis de la vie journalière.

Lorsqu'il y a rupture entre le Corps du Désir et le mental, nous avons un fou furieux, qui est plus difficile à diriger qu'un animal sauvage, car celui-ci est tenu en échec par son esprit-groupe ; dans ce cas toutes les inclinations animales sont suivies aveuglément.

4 — L'INTELLECT

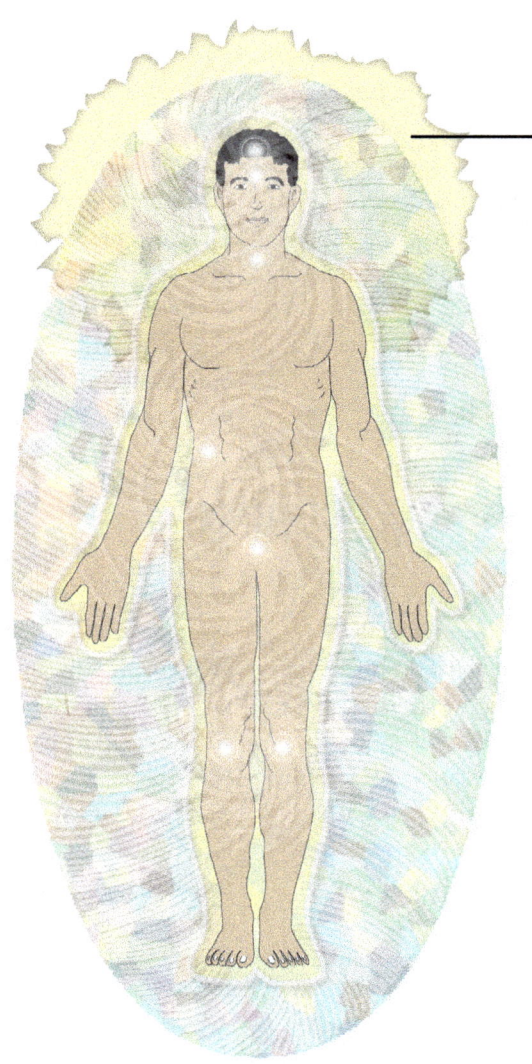

L'INTELLECT

C'est lorsque s'ouvrit la vision mentale de l'homme qu'il vint à connaître le bien et le mal. Quand le trait d'union de l'Intellect s'unit au Moi Supérieur et qu'il obéit à ses ordres, nous avons l'homme à l'idéal élevé. Au contraire, l'union de l'Intellect avec des désirs inférieurs produit une personne sans idéal.

Le miroir de l'Intellect contribue à augmenter le développement spirituel. Les pensées qu'il transmet a l'Esprit ou qu'il reçoit de Lui, lui donne un poli parfait, en aiguisant et en intensifiant son foyer de plus en plus vers un point unique, et en le rendent parfaitement maniable et soumis à l'Esprit.

Intellect

Corps du Désir

Corps Éthérique

L'INTELLECT

Pour rendre possible la faculté de penser, un intellect formé de la substance de la Région de la Pensée Concrète est indispensable.

L'intellect est un nuage lumineux de substance mentale, entourant et interpénétrant la tête. Il est le trait d'union qui relie l'Ego et ses véhicules. Le cœur et l'intellect doivent s'unir avant que l'homme puisse atteindre le développement le plus élevé.

Penser est un processus très compliqué où sont impliqués non seulement l'emploi du cerveau physique, mais aussi, le cerveau éthérique, le Corps du Désir et l'intellect ou corps mental. Le processus est le suivant : en tant qu'Ego, nous fonctionnons dans la partie de la Région de la Pensée Abstraite que nous avons spécialisée dans notre aura. De là, nous observons les impressions faites par le monde extérieur sur le corps vital à travers la chaîne de nos véhicules et leurs facultés que nous appelons nos sens.

Ces impressions, avec les sentiments et les émotions qu'elles génèrent dans le Corps du Désir, sont alors transformées en images dans l'intellect. De ces images mentales nous formons nos conclusions concernant les choses observées ; ces conclusions sont des idées. Par la puissance de la volonté nous projetons, en tant qu'Ego, une idée à travers l'intellect, où elle prend une forme concrète de forme-pensée, en attirant autour d'elle de la substance mentale provenant de la Région de la Pensée Concrète. La pensée est le pouvoir que nous utilisons pour faire des images et des formes-pensées, selon nos idées intérieures. Puis la forme-pensée se revêt ordinairement de substance-désir qu'elle tire du Corps du Désir, ce qui lui donne plus de vie. Cette forme-pensée composite est alors capable d'agir sur le cerveau éthérique et de propulser la force vitale à travers les centres du cerveau et les nerfs appropriés jusqu'au muscles volontaires qui produisent l'action. La pensée est donc la source de l'activité humaine.

LA SANTÉ ET LE DÉVELOPPEMENT DE L'INTELLECT

L'intellect est l'un des instruments les plus utiles de l'Esprit ; mais il est très difficile à gouverner au stade actuel du développement de l'homme. Une étude complète et approfondie du plan cosmique de l'évolution a une immense valeur pour maîtriser l'intellect. Elle l'exerce dans la pensée abstraite et l'élève au-dessus des choses sordides de l'existence concrète, aidant ainsi l'imagination à monter au-dessus des travaux qui n'ont pour but que l'intérêt égoïste.

L'intellect peut devenir docile aux exigences de l'Esprit intérieur grâce aux exercices suivants : la concentration, la méditation, l'observation, le discernement, la contemplation et finalement l'adoration de Dieu. Le dernier exercice atteint le plus haut degré possible. C'est celui par lequel l'homme s'unit à la source de toutes choses ; il arrive par cet acte au but le plus élevé d'accomplissement qu'il soit possible d'atteindre jusqu'à l'union permanente qui aura lieu à la fin de ce Grand Jour de Manifestation.

La pensée détruit les tissus du corps physique et la science sait bien que les pensées négatives, destructrices, telles celles de crainte, de colère, de sexualité et de sensualité brisent la force

de résistance du corps et ouvrent ainsi la voie à la maladie.

La personne de nature joviale et bonne, ou celle qui est pieusement religieuse et qui a foi et confiance en la divine providence, ne crée pas souvent de pensées négatives, aussi, sa vitalité est-elle plus grande et sa santé meilleure que celle de la personne qui est toujours à se tourmenter. Par des pensées d'amour, de bienveillance et de bonté, nous faisons naître chez les autres des qualités semblables et nous attirons à nous des personnes qui possèdent ces mêmes qualités. Ce pouvoir de la pensée, subtil et puissant, peut aussi être utilisé pour guérir les malades. De plus, c'est par la pensée abstraite que l'homme est capable de s'élever au-dessus du monde matériel et d'entrer en contact avec Dieu.

Si nous entretenons des pensées optimistes, bonnes, bienveillantes, secourables et de service à autrui, elles colorent graduellement notre ambiance d'une manière qui exprimera exactement ces qualités et ces vertus. Et comme nos corps sont construits par l'Ego ou l'Esprit, ils deviennent l'expression de nos attitudes mentales ; nos pensées réagissent sur notre corps physique et aussi sur notre environnement, nous apportant la santé et le bien-être matériel. Ceci illustre le pouvoir créateur de la pensée. C'est simplement une preuve de la vérité des paroles du Christ qui a dit que si nous cherchons le Royaume de Dieu et Sa Justice, tout le reste nous sera donné par surcroît.

Lorsqu'il y a rupture entre le mental et l'Ego, le mental se charge des trois véhicules, il en résulte l'habileté consommée qui caractérise une certaine classe de déments. Un tel fou réussit à cacher ses desseins pernicieux et à duper tout le monde, pour arriver à se venger d'un mal supposé, ou à réaliser un autre désir bas, jusqu'à ce que la victime soit en son pouvoir. À ce moment, la nature brutale du Corps du Désir pourra s'épancher en quelque horrible outrage ; ou bien, même alors, le mental pourra dominer le Corps du Désir et exercer son habileté diabolique en une lente torture, avant que le Corps du Désir ne s'échappe et mette un terme aux souffrances de la victime, peut-être cruellement, mais de façon beaucoup plus clémente que par la torture prolongée.

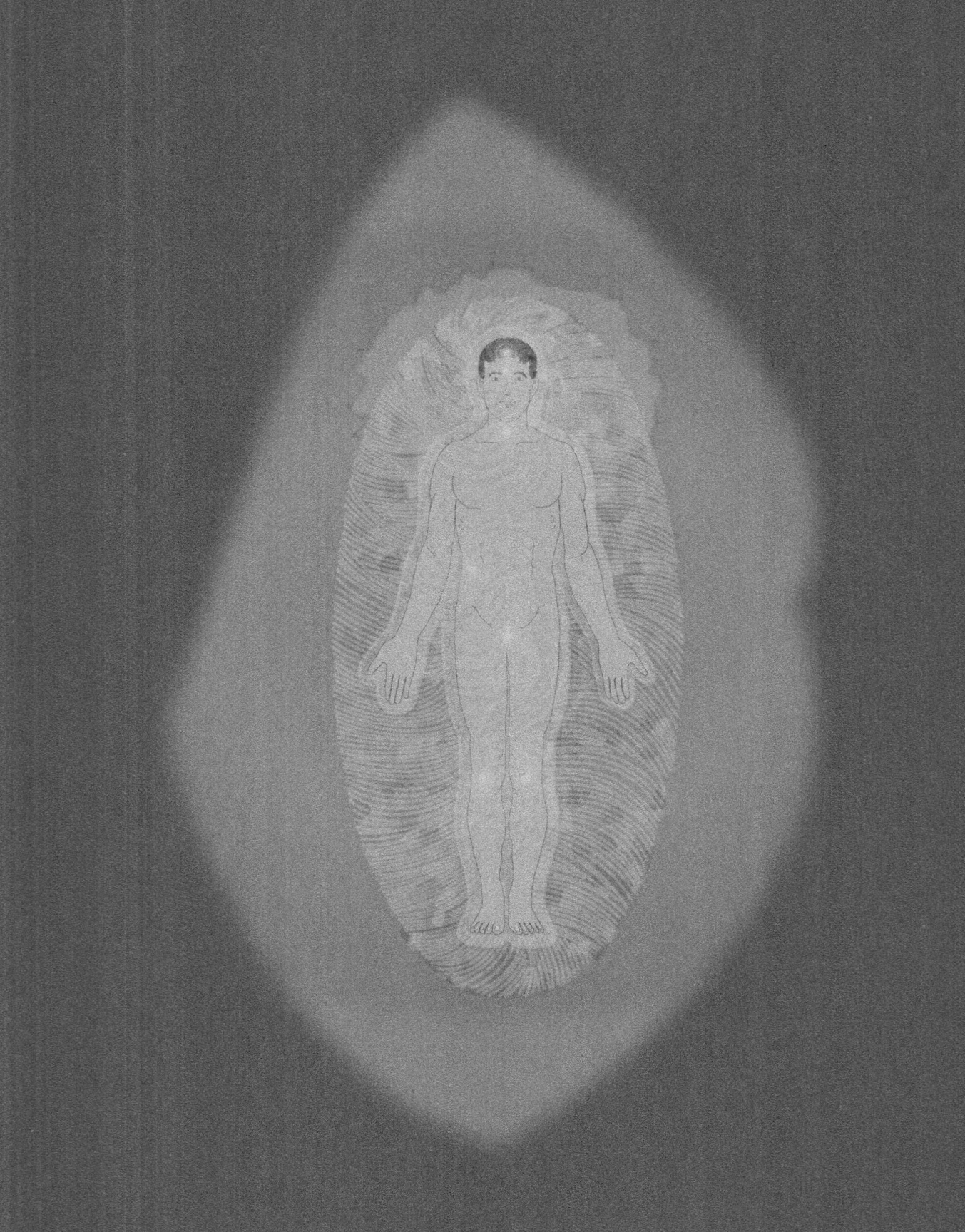

LE CYCLE DES RENAISSANCES

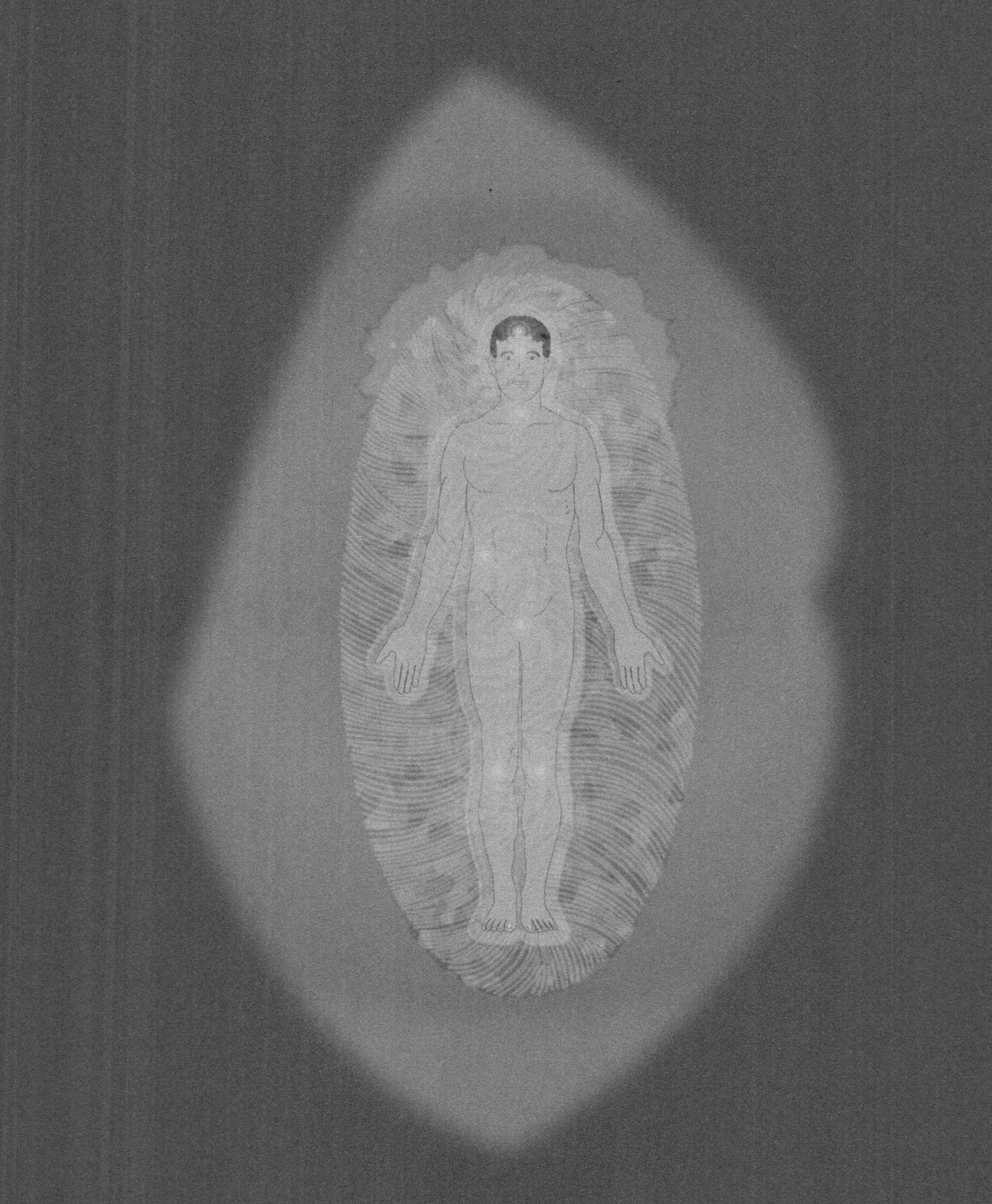

LE CYCLE DES RENAISSANCES

À chaque naissance, ce qui paraît être une vie nouvelle entre dans le monde. Lentement la petite forme grandit, vit et se meut parmi nous, elle devient un facteur qui compte dans nos vies ; mais finalement vient un moment où cette forme devient inerte et se décompose. La vie qui est venue, nous ne savons pas d'où, est retournée dans l'invisible au-delà. Alors, dans le chagrin et l'angoisse, nous nous posons les trois grandes questions qui touchent à notre existence : D'où sommes-nous venus ? Pourquoi sommes-nous ici ? Où allons-nous ?.

Sur chaque seuil, le redoutable spectre de la Mort projette son ombre. Elle visite aussi bien le palais que l'hospice. Nul n'échappe : jeunes ou vieux, malades ou bien-portants, riches ou pauvres, tous doivent sans exception passer par sa sombre porte. À travers les âges a retenti une pitoyable clameur demandant une solution de l'énigme de la vie et de la mort.

La Théorie de la Renaissance enseigne que chaque esprit est partie intégrante de Dieu, qu'il contient en germe toutes les possibilités divines, comme la semence contient en germe la plante ; qu'au moyen de nombreuses existences dans un corps physique de qualité graduellement croissante, ses pouvoirs latents sont lentement transformés en pouvoirs dynamiques ; qu'aucun de ces esprits ne se perd dans cette évolution, mais que tous atteindront finalement leur but, la perfection et la réunion avec Dieu, en apportant avec eux les trésors d'expériences qui sont le fruit de leur pèlerinage à travers la matière.

La Théorie de la Renaissance expose un long procédé de développement, continué avec une persistance inébranlable à travers de nombreuses renaissances dans des formes de plus en plus perfectionnées et qui, dans l'avenir, amènera tous les êtres à une élévation spirituelle que nous ne pouvons maintenant concevoir. Il n'y a rien de déraisonnable ou de difficile dans l'acceptation d'une telle théorie. Quand nous jetons les yeux autour de nous, nous trouvons partout dans la nature cet effort lent et persistant vers la perfection. Nous ne trouvons pas de procédé soudain de création ou de destruction, tel que le professe le théologien, mais nous trouvons « l'Évolution ». L'Évolution est « l'histoire du progrès de l'Esprit dans le Temps ». Partout, en observant autour de nous les phénomènes variés de l'univers, nous voyons que le chemin de l'évolution est une spirale. Chaque spire est un cycle. Chaque cycle amorce celui qui suit, de même que les spires de la spirale sont continues ; chaque cycle est la floraison de ceux qui l'ont précédé et il prépare les conditions plus développées qui lui succéderont.

La Loi de Cause à Effet est la loi de justice dans la nature ; elle décrète que ce que l'homme sème, il le récolte (Galates 6:7). Ce que nous sommes, ce que nous avons, toutes nos qualités sont le résultat de notre travail dans le passé d'où viennent nos talents naturels. L'absence de certains dons physiques, moraux ou mentaux, est due au fait que nous avons négligé certaines occasions ou qu'elles nous ont manqué ; mais un jour, nous aurons d'autres occasions de combler cette lacune. En ce qui concerne nos obligations envers les autres ou leurs dettes envers nous, la loi de cause à effet s'en charge également. Ce qui ne peut être liquidé dans une vie demeure jusqu'aux vies futures.

La Loi de Renaissance offre une solution raisonnable à toutes les inégalités de la vie, à ses souffrances et à ses peines, lorsqu'on l'associe avec sa compagne, la loi de cause à effet ; elle nous montre en outre la voie de l'émancipation.

L'enseignement spirituel concernant la vie base sa solution sur les lois jumelles de cause à effet et de renaissance ; il nous apprend simplement que le monde autour de nous est une école d'expérience.

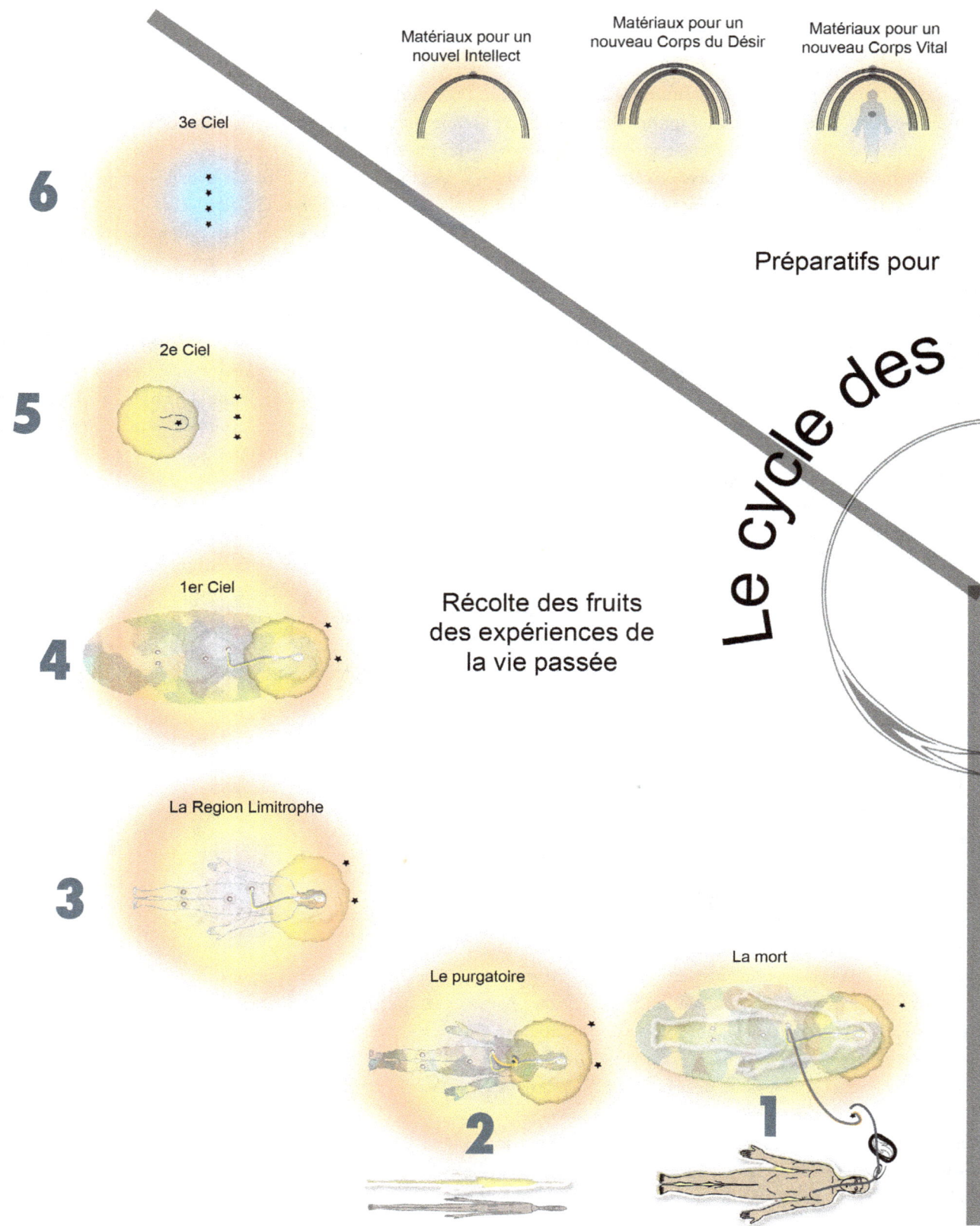

Matériaux pour un
nouvel Intellect

Matériaux pour un
nouveau Corps du Désir

Matériaux pour un
nouveau Corps Vital

Préparatifs pour

Le cycle des

3e Ciel

6

2e Ciel

5

1er Ciel

4

Récolte des fruits
des expériences de
la vie passée

La Region Limitrophe

3

Le purgatoire

La mort

2

1

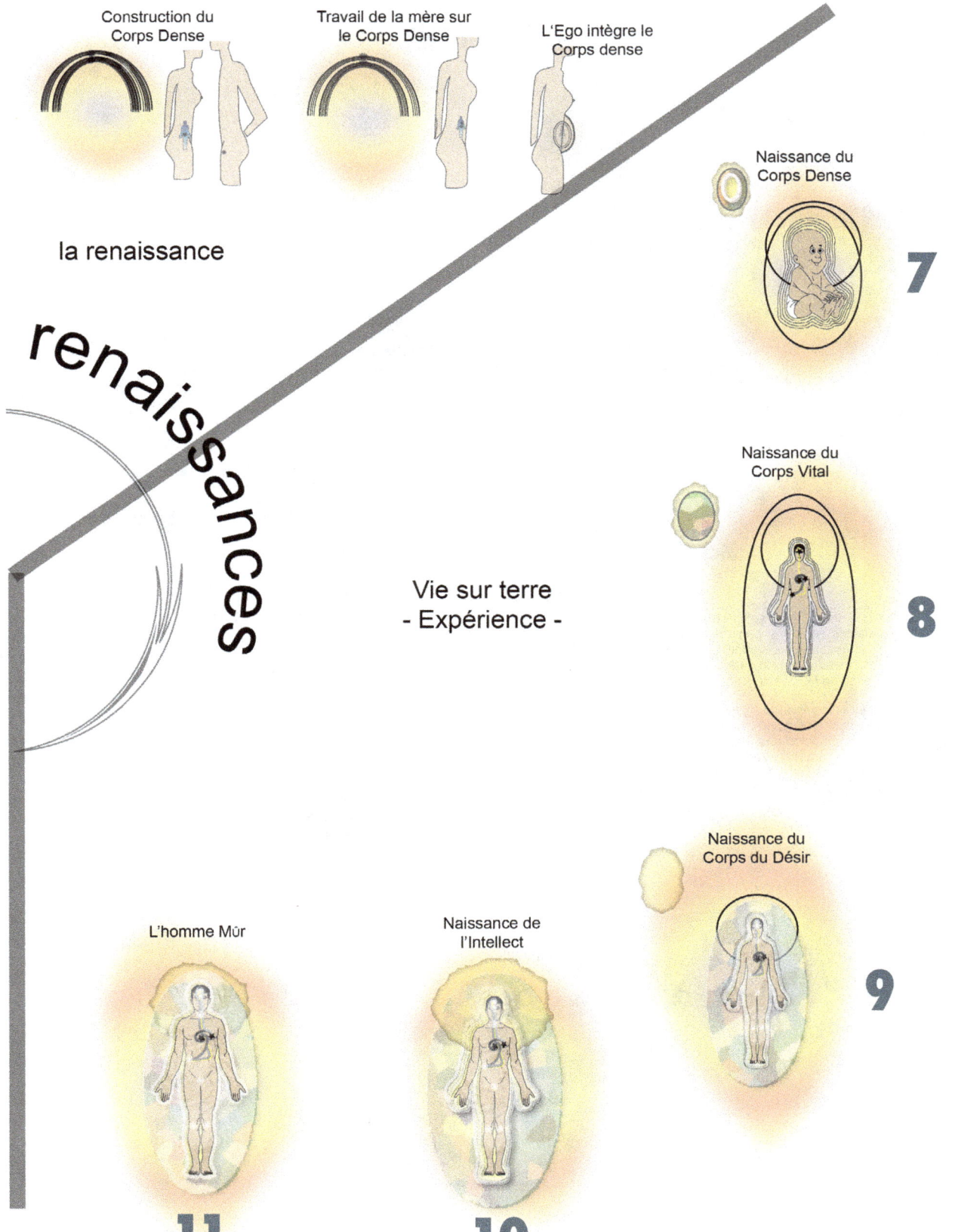

Construction du Corps Dense

Travail de la mère sur le Corps Dense

L'Ego intègre le Corps dense

Naissance du Corps Dense

7

la renaissance

renaissances

Naissance du Corps Vital

8

Vie sur terre
- Expérience -

Naissance du Corps du Désir

9

L'homme Mûr

Naissance de l'Intellect

11

10

1 — LA MORT

— l'Âme passe en revue le panorama de la vie passée —

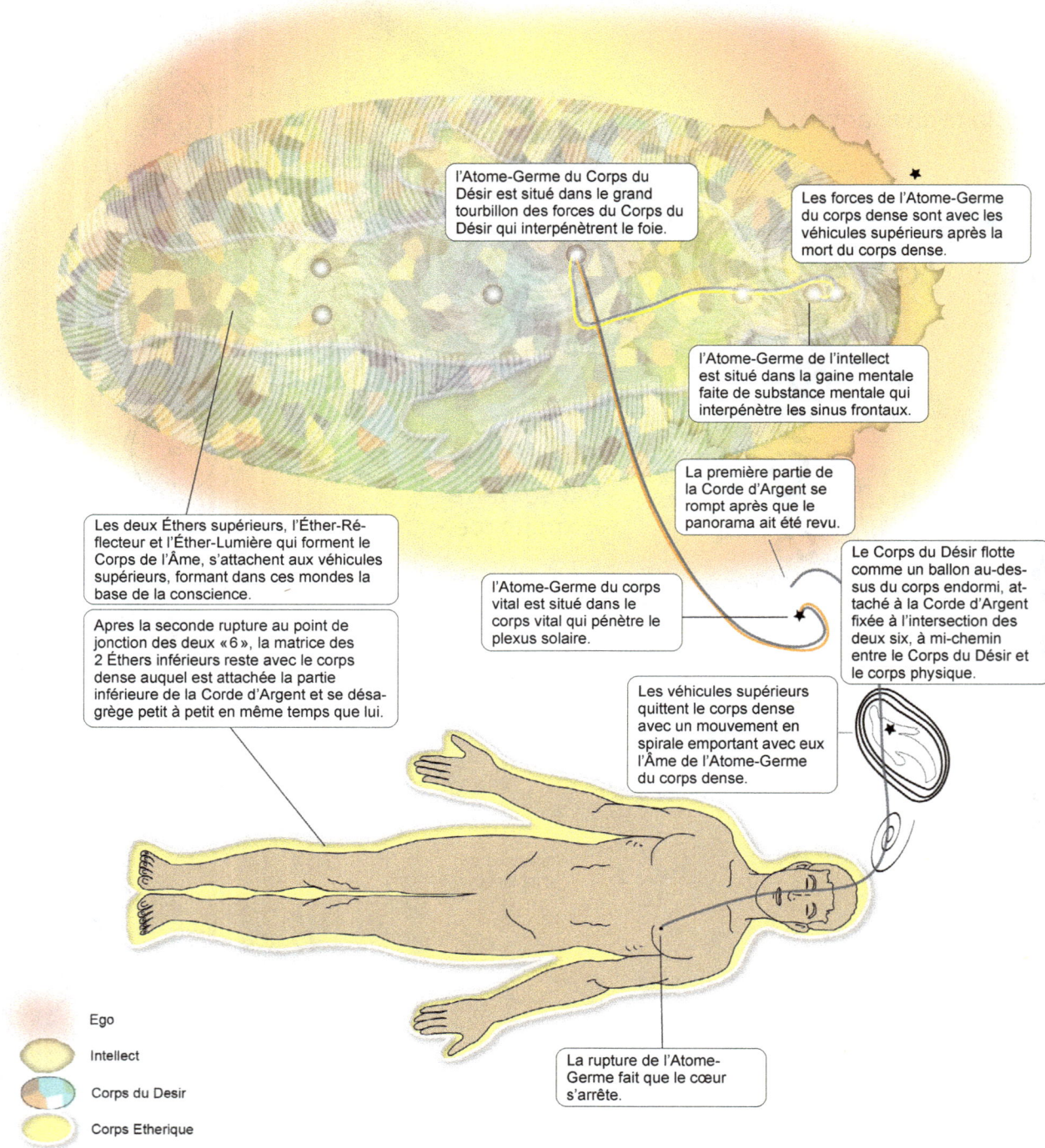

l'Atome-Germe du Corps du Désir est situé dans le grand tourbillon des forces du Corps du Désir qui interpénètrent le foie.

Les forces de l'Atome-Germe du corps dense sont avec les véhicules supérieurs après la mort du corps dense.

l'Atome-Germe de l'intellect est situé dans la gaine mentale faite de substance mentale qui interpénètre les sinus frontaux.

La première partie de la Corde d'Argent se rompt après que le panorama ait été revu.

Les deux Éthers supérieurs, l'Éther-Réflecteur et l'Éther-Lumière qui forment le Corps de l'Âme, s'attachent aux véhicules supérieurs, formant dans ces mondes la base de la conscience.

Le Corps du Désir flotte comme un ballon au-dessus du corps endormi, attaché à la Corde d'Argent fixée à l'intersection des deux six, à mi-chemin entre le Corps du Désir et le corps physique.

Apres la seconde rupture au point de jonction des deux «6», la matrice des 2 Éthers inférieurs reste avec le corps dense auquel est attachée la partie inférieure de la Corde d'Argent et se désagrège petit à petit en même temps que lui.

l'Atome-Germe du corps vital est situé dans le corps vital qui pénètre le plexus solaire.

Les véhicules supérieurs quittent le corps dense avec un mouvement en spirale emportant avec eux l'Âme de l'Atome-Germe du corps dense.

La rupture de l'Atome-Germe fait que le cœur s'arrête.

Ego

Intellect

Corps du Desir

Corps Etherique

LA MORT

L'homme édifie et sème jusqu'à l'heure de la mort. Alors le temps des semailles et les périodes de développement et de maturité sont passés. Le jour de la récolte est arrivé quand passe le spectre décharné de la Mort avec sa faux et son sablier. Ce symbole est particulièrement juste. Le squelette représente la partie du corps qui est relativement permanente. La faux rappelle que cette partie permanente qui est sur le point d'être moissonnée par l'esprit, est la récolte de la vie qui va finir. Le sablier dans la main de la Mort indique que l'heure ne sonne pas avant que la destinée ait été complètement accomplie, selon des lois invariables.

Le terme « mort » se rapporte uniquement à la forme. L'Esprit est immortel. Aussi la naissance et la mort sont-ils des mots relatifs : ce que nous appelons mort est en réalité une naissance dans le monde spirituel, et ce que nous nommons naissance est une mort temporaire au monde spirituel. Lorsque nous avons épuisé les possibilités d'une certaine vie, il devient nécessaire de passer dans les sphères supérieures par le moyen de la mort.

Quand l'heure vient, la séparation des véhicules a lieu. Il n'est pas nécessaire que l'homme conserve son corps dense, puisque sa vie dans le Monde Physique est terminée.

INFORMATION IMPORTANTE

On devrait éviter de troubler les mourants, aussi bien avant qu'après le décès, d'embaumer le corps ou de procéder à une autopsie avant que 3 jours 1/2 se soient écoulés depuis le décès. Cela permet à l'enregistrement du panorama, revu par l'Ego, de s'imprimer clairement dans le Corps du Désir, et assure une expérience complète au Purgatoire.

La crémation est recommandée après cette période de 3 jours 1/2, parce qu'elle désintègre le corps physique et les deux Éthers inférieurs de même que le magnétisme qui s'y trouve, et ainsi libère de suite l'Ego dans les mondes hyperphysiques. En cas d'inhumation, le magnétisme du corps et les Éthers inférieurs retiennent l'Ego lié à la terre pendant un temps variable, ordinairement jusqu'à ce que la décomposition soit très avancée ou achevée. Dans certains cas il en résulte pour l'Ego un retard de plusieurs années.

LE PROCESSUS DE LA MORT

Pendant la vie, Éther Réflecteur du corps vital agit en qualité de plaque sensitive, sur laquelle sont enregistrés toutes les pensées, émotions et incidents, de même que tout ce qui nous entoure dans la vie. L'Éther que nous aspirons, à chaque inspiration transporte ces images qui, au moyen du sang s'impriment sur le corps vital.

Dans le cœur se trouve ce qu'il est convenu d'appeler l'*Atome-Germe du corps physique*. Cet atome-germe est « Le Livre de Dieu », parce que toutes les expériences de nos vies passées y sont inscrites. Cet atome spécial est permanent, nous l'emporterons avec nous dans toutes nos existences futures, il forme dans toute l'éternité la base de notre individualité.

Les résultats des expériences éprouvées dans le corps dense pendant la vie qui vient de finir sont gravés sur l'Atome-Germe du corps dense.

1ERE RUPTURE : L'ATOME GERME, REVUE DU PANORAMA

La mort du corps physique a lieu lorsque, après que l'archétype se soit effondré ; le corps vital s'est affaissé complètement et l'Atome-Germe à la pointe du cœur se brise. La rupture de l'Atome-Germe du corps dense cause l'arrêt du cœur.

La rupture de l'Atome-Germe du cœur libère le corps vital en même temps que le Corps du Désir et le corps mental.

L'Âme de l'Atome-Germe (ou l'énergie dont il était le champs d'action) remonte jusqu'au cerveau par le nerf pneumogastrique et, avec les véhicules supérieurs, le corps vital, le Corps du Désir et l'intellect, quittent le corps dense par les sutures entre le pariétal et l'occipital, avec un mouvement en spirale.

Au moment de la mort, on a pu voir le corps vital s'élever hors du corps par le sommet de la tête pour reprendre la forme que la personne avait durant sa vie. Et on peut le voir flotter horizontalement au-dessus du cadavre.

La Corde d'Argent s'est élevée elle aussi avec l'ensemble du corps vital ; mais les forces de l'Atome-Germe du cœur suivent le nerf pneumogastrique et on peut voir la corde qui se projette, au dehors, à la nuque. Le corps vital tout entier, (l'Éther Chimique et l'Éther vital) et la Corde d'Argent toute entière ainsi que tous les Atomes-Germes sortent du corps et s'élèvent. Mais la corde reste encore attachée à l'atome brisé du cœur.

Le double qui flotte est dans un profond sommeil.

Quand l'Atome-Germe est brisé, l'Ego extrait de cet atome les forces qui contiennent les annales permanentes de l'entière évolution de l'Ego, depuis le début de la Période de Saturne.

Cependant, la corde éthérique reste fixée pendant une période de quelques heures à 3 jours 1/2 environ sur la coque brisée de l'Atome-Germe à la pointe du cœur.

Durant cette période, il passe en revue tout le panorama de la vie qui vient de s'écouler. Ces images sont contenues dans l'Éther Lumière et l'Éther Réflecteur attachés à l'Atome-Germe du cœur et se gravent dans le Corps du Désir durant ce déroulement du panorama de la vie qui vient de se terminer.

2ᵉᵐᵉ RUPTURE : LA CORDE, SÉPARATION DES ÉTHERS

La Corde d'Argent se brise au point ou les « 6 » sont réunis ; une moitié reste avec le corps dense et l'autre avec les véhicules supérieurs. À partir de ce moment, le corps est complètement mort.

Après la seconde rupture au point de jonction des deux « 6 », la matrice des 2 Éthers inférieurs reste avec le corps dense auquel elle est attachée par la partie inférieure de la Corde d'Argent et se désagrège petit à petit en même temps que lui. Le double éthérique est lui-même entouré par une sorte d'aura d'atomes éthériques indépendants (comme une sorte de brume) qui demeure auprès du corps défunt.

Les deux Éthers supérieurs, l'Éther Réflecteur et l'Éther Lumière, qui forment le Corps de l'Âme, s'attachent aux véhicules supérieurs, formant dans ces mondes la base de la conscience.

L'affaissement du corps vital marque la fin du panorama et force l'homme à se retirer dans le Monde du Désir.

ÂGE DÉTERMINÉ DE LA MORT

Lorsque la destinée a été complètement accomplie, selon des lois invariables.

PANORAMA

Le corps vital est le dépôt de la mémoire à la fois consciente et subconsciente. Sur le corps vital sont gravés de façon indélébile tous les actes et toutes les expériences de la vie passée, comme un paysage sur un film photographique. Lorsque l'Ego a extrait ce corps vital du corps dense, la vie tout entière, telle qu'elle a été enregistrée par la mémoire subconsciente, s'étale devant les yeux de l'esprit. C'est le relâchement partiel des liens du corps vital qui fait voir à un noyé toute sa vie passée, mais ce n'est alors qu'un éclair précédant l'inconscience ; dans ce cas la Corde d'Argent reste intacte, sans quoi il ne pourrait y avoir de rappel à la vie. Dans le cas d'un esprit qui s'en va au moment de la mort, le mouvement est plus lent ; le sujet voit en spectateur se succéder les images, l'une après l'autre, dans l'ordre qui va de la mort à la naissance ; il voit d'abord les évènements qui ont immédiatement précédé la mort ; puis se déroulent les années de l'âge adulte ; suivent la jeunesse, l'enfance et le premier âge, jusqu'à la naissance. Le sujet, cependant, n'éprouve à ce moment aucun sentiment devant ces images ; le but est simplement de graver le panorama sur le Corps du Désir, qui est le siège des sentiments ; et c'est grâce à cette impression que le sentiment deviendra réalité lorsque l'Ego entrera dans le monde du désir. Mais nous devons noter ici que l'intensité du sentiment ressenti dépend de la longueur du temps consacré à ce processus d'impression, et de l'attention qui y est accordée par le décédé.

Si pendant une longue période il n'a été troublé ni par le bruit ni par des lamentation bruyantes, c'est une impression profonde et claire qui sera faite sur le Corps du Désir. Il sentira au Purgatoire de façon aiguë le mal qu'il a commis, et sera au Ciel plus largement fortifié dans ses qualités. Et, bien que le souvenir de l'expérience soit perdu dans une vie future, les sentiments resteront, comme le « murmure doux et léger ». (I Rois 18:12)

Lorsque les sentiments auront été profondément marqués sur le Corps du Désir d'un Ego, cette voix de la conscience parlera en termes qui ne seront ni vagues, ni incertains. Elle le poussera envers et contre tout, le forçant à renoncer à ce qui l'a fait souffrir dans ses vies antérieures, et l'obligera à se soumettre à ce qui est bon. C'est pourquoi le panorama se déroule à rebours, pour que l'Ego voit d'abord les effets, puis les causes qui les ont produits.

DURÉE

Celle du panorama, de quelques heures à 3 jours 1/2 maximum.

Qu'est-ce qui détermine la longueur du panorama ? Souvenons-nous que c'est l'affaissement du corps vital qui force les véhicules supérieurs à se retirer pendant le sommeil ; de même, après la mort, au moment où s'affaisse le corps vital, l'Ego est contraint de se retirer, et le panorama vient alors à sa fin. La durée du déroulement du panorama dépend donc du temps pendant lequel, le sujet, au cours de sa vie, aurait pu rester éveillé en cas de besoin ; certaines personnes ne peuvent rester éveillées que quelques heures, d'autres peuvent tenir plusieurs jours, selon la force de leur corps vital.

EMPLACEMENT DES ATOMES-GERMES

La quintessence de l'Atome-Germe du corps dense est avec les véhicules supérieurs.

Le Corps du Désir flotte comme un ballon au-dessus du corps endormi, attaché à la Corde d'Argent fixée à l'intersection des deux six, à mi-chemin entre le Corps du Désir et le corps physique.

NOTES

— Il n'y a aucune différence entre le sommeil et la mort, si ce n'est que, dans le premier cas, l'Ego peut retourner dans son corps, tandis que dans la mort l'Atome-Germe du cœur est détaché (ou rompu) et que la corde se brise, si bien que l'Ego ne peut pas réintégrer son corps qui est mort.

— Quand l'Ego a quitté le corps vital, ce dernier revient vers le corps dense, et plane au-dessus de la tombe, se détruisant en même temps que le corps dense ; aussi est-ce un spectacle répugnant pour le clairvoyant que de passer dans un cimetière et d'y voir tous ces corps vitaux dont l'état de destruction in-dique clairement l'état de décomposition des restes dans les tombes. Si les clairvoyants étaient plus nombreux, l'incinération serait bien vite adoptée comme une mesure de protection envers nos sentiments, sinon pour des raisons sanitaires.

2 — LE PURGATOIRE

— l'essence de la douleur est incorporée à l'âme en tant que bons sentiments —
— la souffrance purifie l'âme —

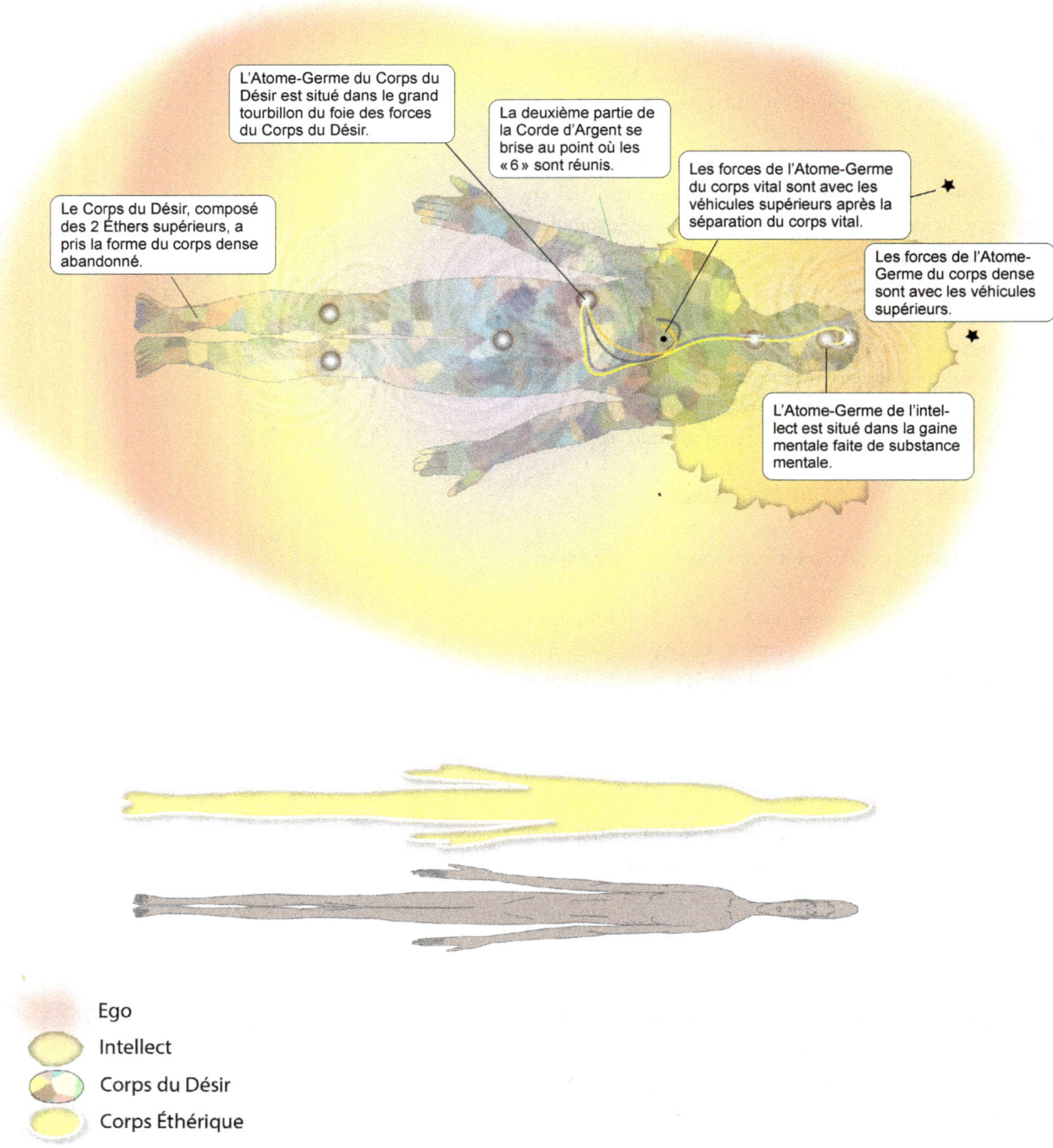

L'Atome-Germe du Corps du Désir est situé dans le grand tourbillon du foie des forces du Corps du Désir.

La deuxième partie de la Corde d'Argent se brise au point où les « 6 » sont réunis.

Les forces de l'Atome-Germe du corps vital sont avec les véhicules supérieurs après la séparation du corps vital.

Le Corps du Désir, composé des 2 Éthers supérieurs, a pris la forme du corps dense abandonné.

Les forces de l'Atome-Germe du corps dense sont avec les véhicules supérieurs.

L'Atome-Germe de l'intellect est situé dans la gaine mentale faite de substance mentale.

Ego

Intellect

Corps du Désir

Corps Éthérique

LE PURGATOIRE

Ne soyons pas alarmés par ce mot « Purgatoire » car, bien que les expériences inhérentes à cet état puissent être douloureuses, elles sont en même temps entièrement salutaires parce qu'elles libèrent l'Ego du poids qui autrement l'empêcherait de s'élever dans les régions supérieures. C'est la raison pour laquelle le Purgatoire se présente en premier lorsque nous passons dans l'au-delà, après la mort.

L'homme passe par des états semblables au sommeil après lequel il s'éveille dans le Monde du Désir.

Ce nouveau corps est constitué des 2 Éthers supérieurs du Corps du Désir et ressemble à la personne décédée telle quelle était de son vivant parce que l'Ego continue à penser à lui-même tel qu'il était sur Terre tant qu'il demeure dans le Purgatoire.

Quand l'Ego s'est libéré du corps vital, son dernier lien avec le Monde Physique est rompu, et il entre dans le monde du désir. La forme ovoïde du Corps du Désir se modifie alors, et il prend la forme du corps dense abandonné. Il existe cependant une disposition particulière des éléments dont il est formé, laquelle revêt une haute signification quant au genre de vie que le décédé va mener dans ce monde.

Le Corps du Désir de l'homme est composé de substances des 7 régions du monde du désir, de même qu'un corps physique est construit de solides, liquides et gaz de ce monde. Mais la quantité de matière de chaque région dans le Corps du Désir de l'homme dépend de la nature des désirs qu'il nourrit. Les désirs grossiers sont composés de la matière émotionnelle la plus grossière, qui appartient à la région la plus basse du monde du désir ; une personne qui possède de tels désirs construit un Corps du Désir grossier, où prédomine la matière des régions les plus basses. Si une autre personne rejette avec persistance loin d'elle les désirs grossiers, n'obéissant qu'aux désirs purs et bons, son Corps du Désir sera formé de matériaux des régions les plus élevées.

Actuellement, nul n'est totalement bon ; nous sommes tous des mélanges de ces deux types de substance ; mais il peut y avoir, et il y a en fait, des différences dans leurs proportions. Dans le Corps du Désir de quelques-uns il y a une prépondérance de la matière grossière, dans d'autres, prépondérance de la matière fine ; et cela fait toute la différence dans le milieu et la situation du décédé à son entrée dans le monde du désir après la mort.

En effet, la matière du Corps du Désir, au moment où elle prend la forme du corps dense abandonné, prend en même temps la disposition suivante : la matière la plus subtile (qui appartient aux régions supérieures du monde du désir) forme le centre du véhicule, alors que la matière des trois régions les plus denses se place à l'extérieur.

Quand la vie terrestre de l'Ego est finie, il développe une force centrifuge pour se libérer de ses véhicules, suivant en cela la même loi qui fait rejeter dans l'espace, par une planète, la partie d'elle-même la plus dense et cristallisée.

L'Ego se débarrasse donc d'abord de son corps dense, puis lorsqu'il entre dans le monde du désir, cette force centrifuge agit également pour rejeter vers l'extérieur la partie la plus grossière du Corps du Désir : le décédé est ainsi forcé de rester dans les régions inférieures jusqu'à ce qu'il soit purifié des désirs grossiers qui étaient incorporés dans la matière émotionnelle la plus dense.

Cette matière émotionnelle la plus grossière est donc toujours dans la partie extérieure du Corps du Désir pendant qu'il traverse le Purgatoire, et elle est graduellement éliminée par la force centrifuge, ou force de répulsion, qui l'expurge. Cette force arrache le mal du décédé et lui permet alors de monter dans la partie supérieure du monde du désir (Premier Ciel), où la force d'attraction règne seule et incorpore à l'Ego le bien de la vie passée sous forme de pouvoir de l'âme. La partie rejetée du Corps du Désir est abandonnée comme une « coque » vide.

Quand un homme s'éveille dans le monde du désir, il est, à une exception près, le même homme à tous égards qu'avant sa mort. Il serait reconnu de ses amis de la même manière que dans le Monde Physique. Il n'y a pas dans la mort de pouvoir de transformation ; le caractère d'un homme n'a pas changé, le méchant et l'ivrogne le sont toujours, l'avare est toujours avare, le voleur est plus malhonnête que jamais ; il n'y a en eux qu'un seul grand et important changement : ils ont tous perdu leur corps dense, mais c'est là ce qui fait toute la différence quant à la satisfaction de leurs divers désirs.

Si le mourant pouvait abandonner tous ses désirs derrière lui, le Corps du Désir se séparerait de lui très rapidement et le laisserait libre de pénétrer dans le monde céleste. Tant que l'homme nourrit des désirs relatifs à la vie terrestre, il doit res ter dans son Corps du Désir et, comme le progrès de l'individu demande qu'il passe dans les régions supérieures, l'existence du Monde du Désir doit nécessairement devenir « Purgatoire », c'est-à-dire le purifier des désirs qui l'enchaînent.

Au Purgatoire, chaque incident de la vie écoulée est vécu à nouveau, en ordre inverse. Lorsqu'une scène se présente dans laquelle un homme a fait du mal à une autre personne, il ressent lui-même intensément la peine, comme l'avait res-

senti l'autre personne. Mais sa souffrance est plus aiguë, car il n'a pas de corps dense pour atténuer la douleur. Il fait l'expérience de toute la tristesse et de toute la souffrance qu'il a causées à autrui. Il apprend combien est douloureux le mal qu'il a fait à autrui et combien il est difficile de supporter la souffrance. La durée de la vie au Purgatoire est environ le tiers de la vie sur terre.

LE PASSAGE DANS LA RÉGION DU PURGATOIRE

Ce n'est pas une Divinité vengeresse qui nous condamne au Purgatoire ou à l'enfer, mais nos mauvaises habitudes et nos mauvaises actions personnelles. La durée et l'intensité des souffrances causées par l'extirpation de nos vices est proportionnelle à l'intensité de nos désirs.

C'est cette loi que symbolise la faux de la Mort, loi qui veut que « ce qu'un homme aura semé, il le moissonnera aussi » (Galates 6:7). C'est la loi de cause à effet qui régit toute chose dans les trois Mondes et dans tout royaume de la nature physique, moral et mental. Partout son opération est inexorable ; elle ajuste toutes choses et rétablit l'équilibre partout où une action, même la plus insignifiante, a amené une perturbation, ce que fait nécessairement toute action. Le résultat peut se manifester immédiatement ou peut être différé pendant des années ou des vies, mais quelque jour, à un endroit donné, une rétribution juste et égale sera exigée.

Dans le Monde du Désir, la Loi de Conséquence opère en purifiant l'homme des plus vils désirs par la correction des faiblesses et des vices qui retardent son progrès, lui infligeant dans ce but la souffrance la mieux adaptée au résultat à obtenir. S'il a fait souffrir d'autres hommes ou s'il les a traités d'une manière injuste, il devra subir des souffrances identiques.

Les personnes qui, pendant la vie terrestre, se plaisent dans le vice et la cruauté ou font de la magie noire afin d'avoir l'avantage sur les autres, endurcissent leur corps vital, ce qui le soude avec le Corps du Désir ; tous deux forment alors ce qui est appelé « le Corps du Péché ». De tels individus restent attachés à la terre après avoir passé dans les régions du Purgatoire. Les forces du Purgatoire ne peuvent pas désintégrer le Corps du Péché à la vitesse ordinaire, et le résultat est que ces Egos demeurent attachés à la Terre pendant des centaines d'années,

dans certains cas. Ils conservent toujours leurs mauvaises habitudes. De plus, ils sont parmi nous, plus près de nous que nos membres mêmes, et par suggestions mentales ils peuvent inciter au crime ceux qui ont une faible mentalité. Ils sont donc beaucoup plus dangereux que le criminel physique.

Il est inutile de dire que le Purgatoire n'est pas du tout un lieu si ce n'est pour les humains d'un très bas degré. Il serait plus juste de le comparer à un hôpital ou à une clinique plutôt qu'à une prison. Là les Egos sont libres de vivre selon ce qui leur paraît une vie normale et beaucoup d'entre eux font ce qu'ils faisaient dans leur maison pendant encore quelque temps après la mort. Finalement, ils abandonnent ce qui les retenaient sur la Terre (rêves et désirs).

Mais comme il avait déjà atteint le 1er Ciel, ses bras et son corps avaient disparu, et seule la tête subsistait.

Notons cependant que si une personne adonnée à des vices ou ayant mal agi envers son prochain a fini par surmonter ses vices, se repentir et réparer, dans la mesure du possible, le mal qu'elle a fait, ce repentir et cette réparation l'ont purifiée de ces vices particuliers et de ces mauvaises actions. L'équilibre est rétabli, la leçon a été apprise pendant cette incarnation et, par conséquent, elle ne sera pas cause de souffrances après la mort.

Le panorama étant terminé, la Corde d'Argent se brise dans l'Atome-Germe du corps vital et l'Ego, dans ses véhicules supérieurs, est libre de s'en aller.

Les forces de vie de l'Atome-Germe sont conservées pour servir de noyau au corps vital d'une nouvelle incarnation.

À la fin des expériences du Purgatoire, le Corps du Désir et le segment de la Corde de matière du Monde du Désir sont abandonnés.

C'est ainsi que l'Ego se purifie du mal de toute nature ; grâce à l'action impersonnelle de la loi de cause à effet, il est prêt à entrer au ciel pour y être fortifié dans le bien, comme il vient d'être découragé de mal faire.

BUT

Purifier les désirs qui enchaînent l'homme, extirper les habitudes pernicieuses en rendant leurs satisfactions impossibles.

PANORAMA

Le panorama s'effectue à rebours.

L'homme éprouve tous les sentiments qu'il lui est possible d'éprouver à mesure que les scènes passent devant lui, dans le but de lui montrer comment chaque événement de la vie passée était l'effet d'une certaine cause antérieure dans cette même vie.

DURÉE

Environ 1/3 de la vie terrestre, ou tant que l'homme nourrit des désirs relatifs à la vie terrestre.

EMPLACEMENT DES ATOMES-GERMES

Les véhicules supérieurs contiennent la quintessence des Atomes-Germes des corps dense et vital.

3 — LA RÉGION LIMITROPHE

— l'essence de la douleur est incorporée à l'âme en tant que bons sentiments —
— la souffrance purifie l'âme —

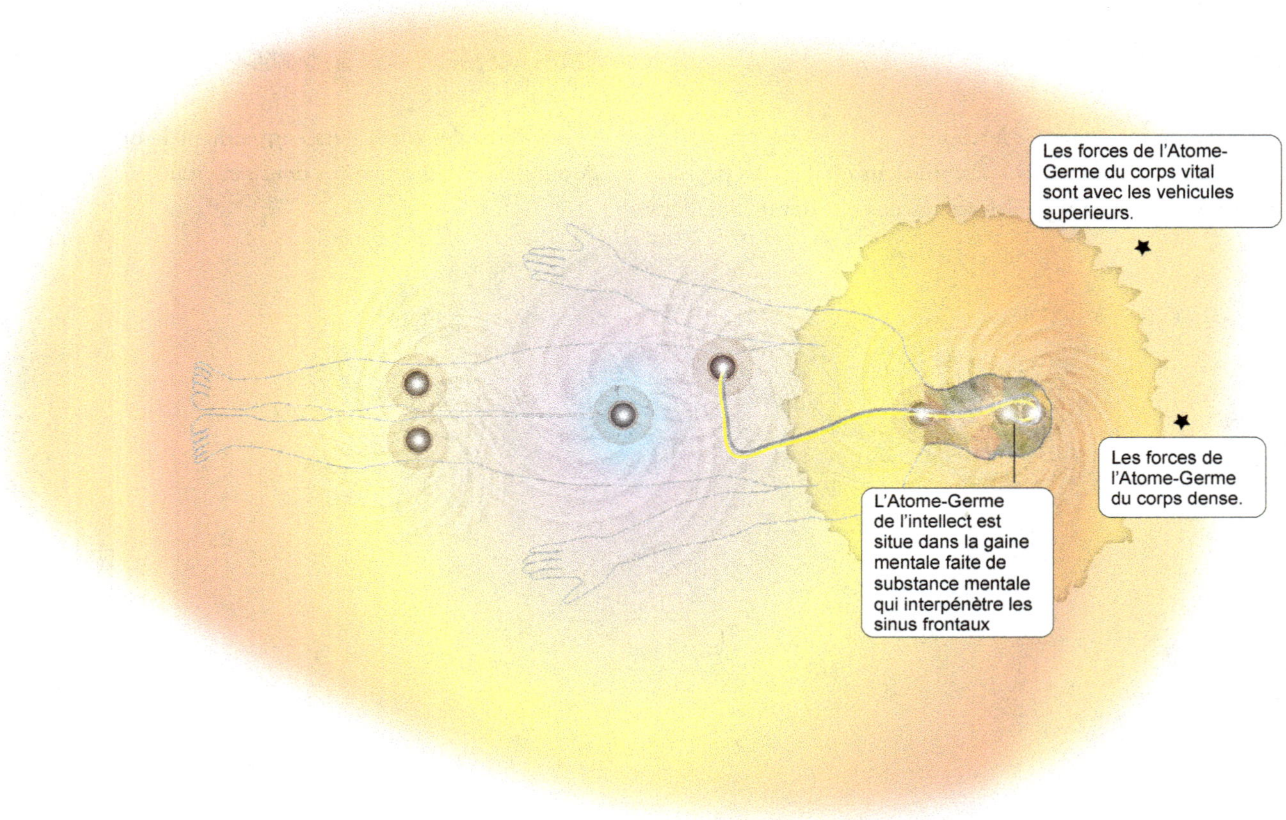

Les forces de l'Atome-Germe du corps vital sont avec les vehicules superieurs.

Les forces de l'Atome-Germe du corps dense.

L'Atome-Germe de l'intellect est situe dans la gaine mentale faite de substance mentale qui interpénètre les sinus frontaux

Ego

Intellect

Corps du Désir

LA RÉGION LIMITROPHE

Le Purgatoire comprend les trois Régions inférieures du Monde du Désir. Le Premier Ciel se trouve dans les trois Régions supérieures.

La Région centrale est une sorte de Région limitrophe : ni ciel, ni enfer.

LE PASSAGE DANS LA RÉGION LIMITROPHE

Il y a deux catégories de personnes pour qui l'existence après la mort est particulièrement morne et monotone : les matérialistes, et les gens qui ont été si absorbés dans leur travail matériel qu'ils n'ont jamais accordé une pensée aux mondes spirituels. Inutile d'en chercher bien loin la raison. Ils ont mené généralement des vies bonnes et morales, sans tomber dans aucun de ces vices qui subissent leur épuration dans le Purgatoire du monde inférieur du désir ; mais ils n'ont fait non plus aucun bien, de ce bien qui trouverait son épanouissement dans les sentiments de bonheur éprouvés au Premier Ciel. Avoir donné même de grosses sommes d'argent pour la construction d'églises, de bibliothèques ou de parcs ne servirait à rien là haut, à moins que le donateur n'ait pris un intérêt particulier à sa donation et ne se soit ainsi donné lui-même avec son argent. Donner simplement de l'argent apportera l'abondance dans une vie future ; mais se donner soi-même est mieux que l'argent, c'est du développement spirituel. C'est pourquoi l'homme d'affaires matérialiste va dans la quatrième région, qui est une sorte de région limitrophe entre le Purgatoire et le Premier Ciel. Il est trop bon pour souffrir au Purgatoire, et pas assez bon pour vivre au Premier Ciel. Il a encore un fort désir pour « les affaires » ; et comme il n'a d'autre intérêt que des désirs impossibles à satisfaire en cette région, sa vie y est d'une monotonie et un profond désespoir.

Le matérialiste complet, qui nie Dieu et pense que la mort est un anéantissement, est dans la pire détresse. Il voit son erreur ; mais étant complètement étranger aux idées spirituelles, il ne peut croire qu'il s'agisse d'autre chose que d'un prélude à l'anéantissement. Ce doute terrifiant pèse affreusement sur ces gens, et il n'est pas rare de les voir aller et venir en murmurant : « Est-ce bientôt la fin ? » Et même, si quelqu'un qui est au courant essaie de les renseigner, ils nient toujours l'existence de l'esprit, là autant que pendant leur vie sur terre, traitant de visionnaire l'esprit qui croit à l'existence dans l'au-delà.

La tendance naturelle du Corps du Désir est de durcir et de solidifier toutes les choses avec lesquelles il entre en contact. La pensée matérialiste accentue cette tendance à tel point qu'elle aboutit souvent, dans les vies ultérieures, à cette redoutable maladie, la tuberculose pulmonaire, alors que les poumons devraient normalement rester mous et élastiques. Il arrive aussi parfois que le Corps du Désir écrase le corps vital dans la vie suivante, si bien que celui-ci cesse tout à fait de s'opposer au processus d'induration : nous avons alors la phtisie galopante. Dans certains cas, le matérialisme rend le Corps du Désir fragile et cassant ; il ne peut alors mener à bien son travail normal de solidification du corps dense ; le résultat en est le « rachitisme », où les os se ramollissent. Nous voyons donc quels dangers nous courons en entretenant des tendances matérialistes : tantôt l'induration de parties molles du corps comme dans la tuberculose, tantôt le ramollissement des tissus osseux durs, comme le rachitisme. Bien entendu, tous les cas de tuberculose ne signifient pas que le malade était un matérialiste dans une vie antérieure, mais la science occulte nous apprend que c'est là le résultat fréquent du matérialisme. Il est d'ailleurs, à l'existence de ce mal redoutable, une autre cause qui remonte au moyen âge.

Finalement, l'homme abandonne ce qui le retenait sur Terre (rêves et désirs) et la contrepartie de son image terrestre se détruit complètement.

Mais comme il avait déjà atteint le Premier Ciel, ses bras et son corps avaient disparu, et seule la tête subsistait.

DURÉE

Jusqu'à ce que l'homme ait appris à penser à des choses plus élevées.

4 — LE 1ᴱᴿ CIEL

— assimilation et incorporation à la conscience de la qualité spirituelle
des bonnes actions accomplies pendant la vie terrestre —

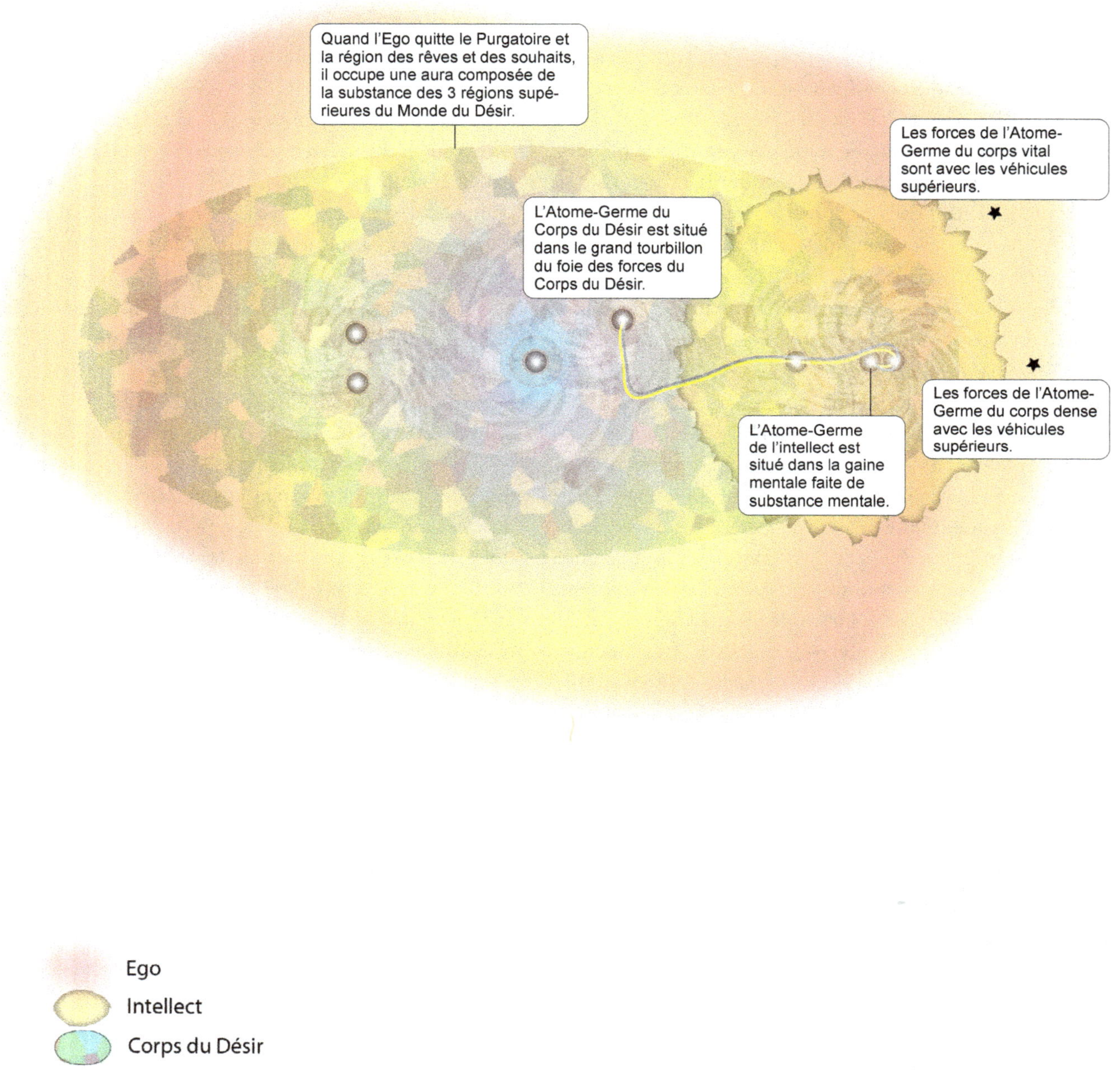

Quand l'Ego quitte le Purgatoire et la région des rêves et des souhaits, il occupe une aura composée de la substance des 3 régions supérieures du Monde du Désir.

Les forces de l'Atome-Germe du corps vital sont avec les véhicules supérieurs.

L'Atome-Germe du Corps du Désir est situé dans le grand tourbillon du foie des forces du Corps du Désir.

Les forces de l'Atome-Germe du corps dense avec les véhicules supérieurs.

L'Atome-Germe de l'intellect est situé dans la gaine mentale faite de substance mentale.

Ego

Intellect

Corps du Désir

LE 1ER CIEL

Le Premier Ciel, dans lequel l'Ego passe après avoir quitté le Purgatoire, est situé dans les trois régions supérieures du Monde du Désir. C'est le monde de la couleur et de l'émotion.

Le Premier Ciel est un séjour de félicité sans aucune goutte d'amertume. L'esprit y est soustrait à l'influence des conditions matérielles terrestres et il assimile tout le bien contenu dans la vie passée, qu'il vit à nouveau. Là, toutes les aspirations élevées que l'homme nourrissait sont réalisées dans la plus large mesure. C'est un lieu de repos, et plus la vie a été pénible, plus l'homme jouira de ce repos. La maladie, le chagrin et la douleur y sont inconnus. C'est le « Summerland » (pays de l'éternel été, du bonheur) des Spirites. Les pensées des Chrétiens fervents y ont édifié la Nouvelle Jérusalem. De belles maisons, des fleurs, etc., sont le partage de ceux qui les ont désirées ; ils les construisent eux-mêmes par la pensée avec la substance-désir ; néanmoins, ces choses sont pour eux aussi réelles et tangibles que le sont pour nous nos maisons matérielles. Chacun obtient là les satisfactions qui lui ont manqué pendant la vie terrestre.

Le Premier Ciel est un lieu de perfectionnement pour tous ceux qui ont été laborieux, qui ont eu l'amour des arts et qui ont pratiqué l'altruisme. L'étudiant et le philosophe ont alors accès à toutes les bibliothèques du monde. Le peintre éprouve une joie toujours nouvelle aux combinaisons sans cesse changeantes des couleurs. Il ne tarde pas à apprendre que sa pensée mélange et dispose ces couleurs à son gré. Ses créations brillent et scintillent avec une vie impossible à atteindre par celui qui ne peut se servir que des ternes couleurs physiques.

Il peint, pour ainsi dire, avec une matière vivante, ardente, et il peut mettre ses idées à exécution avec une facilité qui remplit son âme de joie. Le musicien n'a pas encore atteint le lieu où son art trouvera son expression la plus complète. Le Monde Physique est le Monde de la Forme. Le Monde du Désir, où se trouvent le Purgatoire et le Premier Ciel est particulièrement le Monde de la Couleur ; mais le Monde de la Pensée où sont situés le Deuxième et le Troisième Ciel est la Sphère du Son. La musique céleste est un fait et non pas seulement une fleur de rhétorique.

Les fonctions les plus importantes du 1er Ciel sont assimilatrices et éducatives. D'abord, nous assimilons et incorporons à notre conscience la qualité spirituelle des bonnes actions que nous avons accomplies pendant notre vie terrestre. Ceci nous donnera la qualité de sentiment juste qui nous accompagnera dans nos vies futures afin de stimuler l'action juste. Deuxièmement, nous y sommes instruits des processus supérieurs de la vie et de la construction du corps dense.

La félicité que l'on éprouve dans le 1er Ciel tient en partie au fait que l'on adopte la forme corporelle et la personnalité qu'on souhaitait avoir quand on vivait sur la Terre. Il s'ensuit que l'aspect de l'Ego dans le 1er Ciel est une image idéalisée qui ne ressemble plus à celle qu'on avait sur la Terre. Ce n'est que lorsque l'Ego veut entrer en communication avec ses bien-aimés restés sur la Terre, qu'il condescend à reprendre une fois de plus l'aspect de la vieille coque abandonnée.

LE PASSAGE DANS LE 1ER CIEL

Quand le séjour au Purgatoire est terminé, l'esprit purifié passe au Premier Ciel. Là, le résultat des souffrances est incorporé à l'Atome-Germe du Corps du Désir et lui communique la qualité de droiture qui agit, dans l'avenir, en poussant l'individu au bien et en le détournant du mal ; il constitue ce que nous appelons la conscience qui nous met en garde contre le mal, source de douleur, et qui nous fait pencher vers le bien, source de bonheur et de joie. De plus, on y élabore des plans qui permettront à la personne, dans les vies suivantes, d'étendre encore plus loin ses activités humanitaires.

C'est une erreur de croire que le ciel est un lieu de bonheur sans mélange pour tous. Personne ne peut récolter plus de bonheur qu'il n'en a semé sur terre : notre joie au ciel sera mesurée par les bonnes actions que nous avons faites pendant notre vie terrestre.

Ici le panorama de la vie passée se déroule de nouveau à rebours, mais cette fois ce sont les bonnes actions de la vie qui forment la base des sentiments.

Quand nous contemplons une scène où nous avons aidé quelqu'un, adoucissant son chagrin ou allégeant sa souffrance, nous n'éprouvons pas seulement la satisfaction personnelle la plus intense, mais nous éprouvons encore tout le soulagement physique et mental, et la gratitude que le bénéficiaire a ressentis pour son bienfaiteur. Il est sans importance qu'il ait pu savoir ou non qui lui venait en aide ; les sentiments qu'il répandait sur nous pendant que nous l'aidions se réaliseront là, indépendamment de toutes circonstances. Inversement, si nous avons nous-mêmes été reconnaissants à nos bienfaiteurs, nous éprouverons à nouveau le même sentiment de soulagement de notre détresse et de gratitude pour l'aide qui nous fut donnée. Tous ces sentiments et ces désirs, au moment de leur réalisation au Premier Ciel, développent des forces spirituelles qui les fixeront dans l'Ego, où ils seront transformés en facultés utilisables dans des incarnations futures : on voit donc combien il est important pour le développement de notre âme que nous sentions et exprimions notre gratitude pour les faveurs que l'on nous accorde ; car c'est ainsi que nous serons fondés à recevoir de nouvelles faveurs, à la fois dans cette vie et dans les vies futures. Il est dit que Dieu aime celui qui donne avec joie (II Corinthiens 9/7) ; il est également vrai que la « loi » de cause à effet aime le cœur reconnaissant.

L'Ego occupe une aura composée de la substance des 3 régions supérieures du Monde du Désir : celles de la Vie de l'âme, de la Lumière de l'âme et du Pouvoir de l'âme.

BUT

Lieu de repos et de réalisation des aspirations les plus élevées.

Lieu de perfectionnement pour tout ceux qui ont été laborieux, qui ont eu l'amour des Arts et qui ont pratiqué l'altruisme.

PANORAMA

Le panorama s'effectue à rebours.

Les bonnes actions de la vie passée forment la base des sentiments dans un but de croissance de l'âme.

CORDE D'ARGENT ET ATOMES-GERMES

Les véhicules supérieurs contiennent la quintessence des Atomes-Germes du corps dense et du corps vital.

L'Ego possède encore l'Atome-Germe de la vie écoulée, la même aura mentale, le même Corps du Désir, mais purifié. Sans nul doute, il doit encore être en possession de la partie de la Corde d'Argent faite de substance mentale car, dans le Premier Ciel, le corps mental et le Corps du Désir continuent de fonctionner, tant que le Corps du Désir supérieur n'a pas été abandonné, ce qui se produit quand il entre dans le Second Ciel. Il est logique de présumer qu'à la fin des expériences purgatorielles, le Corps du Désir et le segment de la corde de substance du désir sont abandonnés l'un et l'autre et que l'abandon de la corde de substance mentale doit s'opérer dans des conditions similaires alors que l'Ego pénètre dans le deuxième Ciel. Seules, les essences des Atomes-Germes et du Corps de l'Âme poursuivent leur chemin avec l'Ego y compris la portion spiritualisée de l'Éther Lumière et de l'Éther Réflecteur.

5 — LE 2ÈME CIEL

— la vraie patrie de l'Ego —
— le bien de la vie passée est incorporé à l'Intellect en tant que bonnes pensées,
de plus il travaille pour constituer un nouveau milieu —

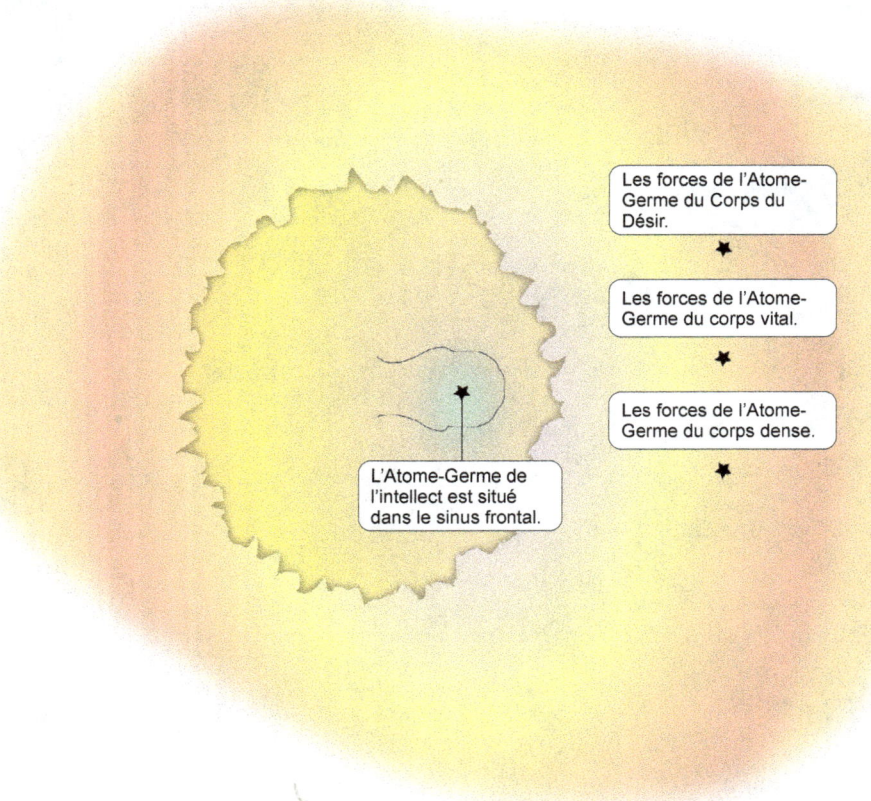

Les forces de l'Atome-Germe du Corps du Désir.

Les forces de l'Atome-Germe du corps vital.

Les forces de l'Atome-Germe du corps dense.

L'Atome-Germe de l'intellect est situé dans le sinus frontal.

Ego

Intellect

LE 2ᴱᴹᴱ CIEL

Le 2ᵉᵐᵉ Ciel est le pays natal de L'esprit. Là, les premières sensations du réveil apportent à l'esprit le son « de la musique des sphères ». Pendant notre vie terrestre, nous sommes tellement immergés dans les bruits et les sons insignifiants de notre entourage limité que nous sommes incapables d'entendre la musique des sphères dans leur course, mais l'occultiste scientifique l'entend. Il sait que les douze signes du Zodiaque et les sept planètes forment la table d'harmonie et les cordes de « la lyre à sept cordes d'Apollon ». Il sait que si une seule discordance venait à troubler l'harmonie céleste de ce sublime Instrument, « la destruction de la matière et la débâcle des mondes » s'ensuivraient.

Quand nous disons que ce monde est le monde du son, il ne faut pas croire que les couleurs en soient absentes. Bien des gens savent qu'il y a un rapport intime entre la couleur et le son, que lorsqu'une certaine note résonne, une certaine couleur paraît en même temps. Il en est ainsi dans le Monde Céleste où le son et la couleur sont présents ; mais c'est le son qui produit la couleur. C'est pourquoi, nous disons que ce monde est plus spécialement le monde du son, du son qui construit toutes les formes du Monde Physique. De même qu'on peut créer des formes géométriques en passant un ar-

chet de violon sur le bord d'une plaque de verre, de même les formes qui nous entourent sont-elles la cristallisation des figures sonores des forces archétypales qui sont actives dans les archétypes du Monde Céleste.

Les modèles ou archétypes, créateurs de tout ce que nous voyons dans le monde des sens, sont dans le monde de la pensée qui est le monde du son : ceci nous amène à comprendre que les forces archétypales jouent constamment sur ces archétypes, leur faisant émettre certains sons ; ou même, lorsqu'un certain nombre d'entre eux ont été groupés pour créer une espèce de plante, ou des formes animales ou humaines, les différents sons se fondent en un grand accord unique. Cet unique son, ou accord selon le cas, est alors la tonique de la forme ainsi créée, et tant qu'elle résonne, la forme ou l'espèce peut durer ; quand elle cesse, la forme unique meurt ou l'espèce s'éteint.

Un mélange de sons n'est pas plus de la musique que des mots réunis au hasard ne forment une phrase ; mais le son rythmiquement ordonné est le vrai constructeur de tout ce qui existe, comme Jean le dit dans les premiers versets de son Évangile : « Au commencement était le Verbe… et rien n'a été fait sans Lui » ; et encore : « Le Verbe a été fait chair ».

Le son est le créateur et le soutien de toutes les formes.

LE PASSAGE DANS LE 2ᴱᴹᴱ CIEL

Après avoir épuisé toutes les expériences de la vie qui vient de se terminer et qui étaient en rapport avec les désirs et les émotions, l'Ego se dépouille de son Corps du Désir et passe dans le 2ᵉᵐᵉ Ciel, qui se trouve dans la Région de la Pensée Concrète et qui est le monde du son ; c'est également la vraie patrie de l'Ego.

Lorsque l'Ego, après la fin du panorama qui suit immédiatement la mort, a quitté le corps vital, il passe par une période d'inconscience avant de s'éveiller dans le monde du désir.

Il y a de même un intervalle entre l'abandon du Corps du Désir dans le 1ᵉʳ ciel et le réveil dans le 2ᵉᵐᵉ ciel. Mais cette fois il n'y a plus d'inconscience ; chaque faculté est vive et éveillée ; il existe un état d'hyperconscience pendant que l'esprit passe par cet intervalle, dénommé « Le Grand Silence ». Peu importe à quel point un homme a pu être matérialiste

sur la Terre, cet état de pensée a maintenant disparu ; et cet être sait qu'il est divin par nature, lorsqu'il atteint ce Grand Silence, qui est la porte de sa maison céleste.

C'est alors comme un réveil après un rêve plein d'épouvante, suivi d'un soupir de soulagement de trouver que les éléments du rêves n'avaient rien de réel. Ainsi l'Ego, lorsqu'il entre dans le Grand Silence, s'éveille des erreurs et des illusions de la vie terrestre avec un sentiment d'allègement infini ; il se sent plein d'une indéfectible sécurité ; il éprouve à nouveau le repos plein de détente de se retrouver dans les bras éternels du Grand Esprit universel.

C'est là que parviennent à l'oreille de l'Ego les indescriptibles harmonies de la musique céleste qui remplit sans cesse cette Région.

Ce n'est point un trait de notre imagination que de parler

de musique céleste, bien qu'il soit inexact de penser que les morts qui possédaient peu ou point le sens de la musique pendant leur vie terrestre, aient pu soudain au moment de la mort développer une passion pour la musique, ainsi que la faculté de l'exprimer.

En fait, le monde de la pensée où est situé le 2ème ciel, est aussi le domaine du son, comme le monde du désir est le monde de la lumière et de la couleur, et comme le monde physique est celui de la forme. L'artiste prend ses thèmes de couleur et ses effets de lumière dans le monde du désir ; mais le musicien doit tirer ses inspirations du monde plus subtil de la pensée, et c'est là où nous trouvons la raison qui fait de la musique l'art le plus élevé que nous possédions. Le peintre puise dans un monde mieux à la portée de la main, et peut ainsi fixer sa création une fois pour toutes sur la toile, où elle sera vue de tous ceux qui ont des yeux, et n'importe quand.

L'Ego prépare les conditions terrestres de sa nouvelle existence physique et, grâce aux vibrations sonores harmonieuses, il incorpore à l'Esprit triple la quintessence du corps triple, assimilant ainsi tous les fruits de sa vie terrestre écoulée.

Le travail accompli par l'homme dans le Monde Céleste est très varié. Son existence n'est nullement inactive et illusoire. C'est une période d'activité de la plus grande importance pour la préparation de sa prochaine vie, comme le sommeil est une période d'activité et de préparation pour le travail du lendemain.

Au Purgatoire, les habitudes et actions mauvaises de la vie ont produit de la souffrance, qui s'est transformée en Sentiment juste au Premier Ciel. Le bien de la vie passée a été extrait dans ce 1er Ciel ; et quand l'Ego entre au 2ème Ciel, il médite sur ce bien de manière à le transformer en Pensée juste, qui sera son guide dans ses vies futures sur la Terre.

Ainsi, à chaque nouvelle naissance, l'Ego apporte avec lui la sagesse accumulée puisée dans les expériences de toutes ses vies passées, sagesse qui est son capital. L'expérience de chaque vie nouvelle en constitue les intérêts qui, au 2ème Ciel, sont ajoutés au capital.

Là, l'homme se prépare aussi à sa prochaine immersion dans la matière ; il s'apprête pour une nouvelle bataille contre l'ignorance, pendant son prochain jour de vie dans la grande école de Dieu. S'il n'avait pas pu réaliser certaines ambitions honorables, il voit en quoi il a fait erreur, ce qui lui apprend à mener à bien la prochaine fois ses desseins selon des voies meilleures.

Au 2ème Ciel l'Ego s'unit avec les forces de la Nature : Avec elles, il travaille sur les archétypes des terres et des océans, sur la flore et la faune, pour accomplir les changements qui graduellement modifient l'aspect et l'état de la Terre ; ainsi se forme un nouveau milieu créé par l'Ego lui-même, et dans lequel il pourra récolter de nouvelles expériences.

Il est dirigé dans ce travail par de grand maîtres appartenant aux Hiérarchies Créatrices, qui portent les noms d'Anges, d'Archanges ou d'autres noms, et qui sont les ministres de Dieu. Ils l'instruisent alors consciemment dans l'art divin de la création, en ce qui concerne à la fois le monde et les objets qu'il contient.

Ils lui apprennent comment construire une forme pour lui-même, lui donnant pour aides les « Esprits de la Nature », et l'homme fait ainsi son apprentissage de Créateur chaque fois qu'il va au 2ème Ciel. C'est là qu'il construit l'archétype de la forme qu'il extériorisera plus tard à sa naissance. Ce sont les Egos du monde céleste qui constituent les forces d'assimilation (qui travaillent dans l'Éther Chimique) : ces mêmes gens que nous appelons les *morts* sont donc précisément ceux qui construisent nos corps et nous aident à vivre. Notons aussi que personne ne peut avoir un corps dense supérieur à celui qu'il peut construire. Ceux qui font des erreurs au ciel s'en aperçoivent lorsqu'ils en viennent à user de ce corps défectueux sur la Terre ; et ils apprennent ainsi à corriger l'erreur la fois suivante.

L'Ego ne pense plus guère à ce qu'il était sur Terre, bien qu'il puisse conserver l'image de sa propre tête, ou qu'il soit capable de se la représenter encore par moment.

L'abandon de la Corde d'Argent de la substance mentale s'opère alors que l'Ego pénètre dans le 2ème Ciel. Seules les essences des Atomes-Germes et du Corps de l'Âme poursuivent leur chemin avec l'Ego y compris la portion spiritualisée de l'Éther Réflecteur.

À la fin de cette période, l'Ego résout son intellect en l'essence qui nourrit ou construit le Triple Esprit, et il est alors prêt à prendre un autre envol vers des régions encore plus élevées.

TABLEAU RÉCAPITULATIF SUR LE PASSAGE DANS LE 2ᵉᵐᵉ CIEL

Corps	Vie passée	2ème Ciel	Dans le but de fournir dans la prochaine vie
Corps du désir	Purification des désirs et des émotions	Le Travail est joint à l'Esprit Humain	Meilleurs intellect et corps du désir
Corps vital	Travail de transformation et spiritualisation	Amalgamé par l'Esprit Vital	Meilleurs corps vital et tempérament
Corps dense	Bonnes actions	Assimilation par l'Esprit Divin	Meilleurs environnement et opportunités

BUT

- Assimiler les fruits de la dernière existence terrestre par le processus d'extraction de l'essence de l'Intellect qui nourrit le triple esprit.
- Préparer le milieu de la prochaine existence physique ; modification de l'aspect de la terre de manière à préparer le milieu nécessaire pour le prochain pas vers la perfection.
- Apprentissage à construire un corps approprié de façon à s'exprimer dans le Monde Physique.
- La quintessence des 3 corps est assimilée par l'Esprit Triple.
- Corde d'Argent et Atomes-Germes.
- Les véhicules supérieurs contiennent les Atomes-Germes du Corps Dense, du corps vital et du Corps du Désir.

DURÉE

Ordinairement des siècles en y menant une existence extrêmement active.

6 — LE 3ᴱᴹᴱ CIEL

— l'essence des bonnes pensées élaborées par l'Intellect et l'essence des bons sentiments
élaborés par l'Âme sont incorporées à l'esprit comme base pour les bonnes actions de l'avenir —

★ l'Âme de l'Atome-Germe de l'intellect.

★ l'Âme de l'Atome-Germe du Corps du Désir.

★ l'Âme de l'Atome-Germe du corps vital.

★ l'Âme de l'Atome-Germe du corps dense.

Ego

LE 3ᵉᵐᵉ CIEL

Pour l'individu ordinaire qui est à notre stade d'évolution, le 3ᵉᵐᵉ Ciel n'est pas un lieu d'activité car les vibrations sont beaucoup trop élevées pour lui.

LE PASSAGE DANS LE 3ᵉᵐᵉ CIEL

Après avoir abandonné son corps dense à la mort, son corps vital peu de temps après, et son Corps du Désir en quittant le Purgatoire et le 1ᵉʳ ciel ; finalement, avant de sortir du 2ᵉᵐᵉ ciel, il abandonne aussi derrière lui la gaine de l'intellect, pour entrer dans le 3ᵉᵐᵉ Ciel, absolument libre et sans rien qui l'encombre. Tous les véhicules abandonnés se détruisent, seul persiste l'Esprit, baignant pendant un temps dans le grand réservoir de force spirituelle que nous appelons le 3ᵉᵐᵉ Ciel, de manière à se fortifier pour sa prochaine renaissance à la vie sur Terre.

L'Ego a toutefois conservé l'Atome-Germe de chacun des véhicules en vue de la construction future de nouveaux véhicules.

La loi de cause à effet détermine notre existence après la mort selon la vie que nous avons menée ici-bas. Si dans la vie terrestre nous nous sommes surtout adonnés aux désirs bas et aux passions basses, notre existence au Purgatoire sera la partie la plus animée de notre évolution après la mort, et l'existence dans les différents ciels sera terne et insipide.

— Si nous avons eu des émotions élevées, la vie dans le 1ᵉʳ Ciel sera le plus riche de nos différents séjours.

— Si nous aimions à faire des projets en vue d'améliorations et que notre mental ait élé constructif dans la vie terrestre, nous tirerons un grand bénéfice de notre séjour dans le 2ᵉᵐᵉ Ciel, où la pensée concrète est la base des choses concrètes sur Terre.

— Mais pour avoir une existence consciente dans le 3ᵉᵐᵉ Ciel, nous devons avoir consacré du temps et des efforts à des pensées abstraites sans relation avec le temps et l'espace.

La plupart d'entre nous sont incapables de pensées abstraites, et c'est pourquoi la conscience nous manque dans le

Tout ce que l'Ego peut faire ici est se reposer en se baignant dans l'harmonie divine qui règne dans ce monde et reprenant des forces pour renaître à nouveau.

3ᵉᵐᵉ Ciel.

La grande majorité des gens n'ont pas encore dépassé le degré où ils progressent convenablement dans une direction dite « pratique », et pour eux le 3ᵉᵐᵉ Ciel n'est qu'un lieu d'attente où ils sont inconscients, comme dans le sommeil, jusqu'à ce que les temps soient mûrs pour une nouvelle naissance.

— L'homme, par exemple, qui a vécu une vie basse vouée à la satisfaction des sens, qui aime détruire, aura une vie de souffrances au purgatoire, parce qu'il a été très mauvais ; il passe rapidement et inconsciemment à travers le 1ᵉʳ Ciel parce qu'il n'a fait aucun bien.

— Ses tendances destructives rendent sa vie au 2ᵉᵐᵉ Ciel à peu près inconsciente.

— Il ne peut avoir absolument aucune existence au 3ᵉᵐᵉ Ciel, où les Egos avancés développent des idées originales qui se manifesteront sous forme de génie pendant leur vie sur Terre.

Un tel Ego arriéré reste donc endormi jusqu'au moment d'une nouvelle incarnation, où il se réveille pour un nouveau jour à l'École de la Vie, et avec une nouvelle chance d'amélioration.

Les Anges de Justice, qui sont les grandes Intelligences chargées de la loi d'ajustement, passent en revue le passé de chaque homme lorsqu'il est prêt pour une nouvelle naissance ; ils recherchent aussi quels sont ses amis ou ennemis vivants à ce moment, et où ils se trouvent. Comme nous avons eu un nombre énorme de telles relations dans notre passé, il y a généralement plusieurs groupes de ces personnes qui vivent sur la terre ; s'il n'existe aucune raison spéciale pour prendre un de ces groupes en particulier, les Anges de Justice donnent à l'Ego le choix dans les occasions qui se présentent. Ils sélectionnent dans chaque cas toute la causalité mûre que l'Ego y devra mener à bien; ils montrent à l'Ego en une série d'images un panorama de ce que serait sa prochaine existence dans chacune des vies proposées, l'Ego pouvant choisir n'importe laquelle. Ces panoramas vont du berceau à la tombe et donnent les grandes lignes de la vie; mais ils laissent à l'Ego le soin d'en remplir les détails en agissant selon son libre arbitre.

L'Ego a donc une certaine latitude en ce qui concerne le lieu de sa naissance; aussi peut-on dire que, dans la grande majorité des cas, nous nous trouvons où nous sommes par notre propre choix. Peu importe que nous ne le sachions pas; l'Ego, encore faible, incapable de percer librement le voile de la chair, dépend largement encore de sa personnalité inférieure pour l'aider à grandir. Mais plus nous nous déciderons à vivre pour le moi supérieur, plus tôt viendra le jour où l'Ego brillera à travers ce voile, et alors nous pourrons savoir.

Quand l'Ego a fait son choix, il est lié par ce choix pour mener à bien le règlement des dettes contractées dans les vies antérieures et maintenant mûres pour leur liquidation.

Ainsi est formée la destinée, c'est-à-dire les conditions rigoureuses de la vie, qui sont impossibles à changer. Toute tentative pour le faire sera sûrement déjouée. Mais que personne ne tombe dans l'erreur de croire que sa destinée l'oblige à faire le mal ! La loi ne joue que pour le bien; comme nous l'avons vu, le mal de chaque vie est la première chose qui soit corrigée après la mort; il ne reste qu'une tendance vers ce mal particulier, mais avec un sentiment d'aversion créé par la souffrance éprouvée pendant le travail d'épuration. Quand nous vient, dans une vie ultérieure, la tentation de commettre un acte mauvais de même genre, cette sensation de douleur passée, que nous appelons la conscience, nous avertit et nous empêche de succomber à la tentation. Si nous succombons en dépit de cet avertissement, la douleur que nous éprouverons au Purgatoire s'ajoutera à la sensation antérieure et la renforcera, jusqu'à ce que la conscience ait atteint la stabilité nécessaire pour résister au mal en question; à partir de ce moment, celui-ci cessera d'être une tentation pour nous.

Nous voyons donc que nul n'est jamais prédestiné à faire le mal; chaque acte mauvais est un acte de libre arbitre, commis malgré la résistance de la conscience que nous avons antérieurement pu développer.

PANORAMA

Le désir de nouvelles expériences évoque devant l'Esprit la vision d'une série d'images, d'un panorama de la nouvelle vie.

Ce panorama se déroule chronologiquement afin de montrer comment certaines causes produisent invariablement certains effets.

DURÉE

L'Ego n'y fait en général qu'un court séjour.

CORDE D'ARGENT ET ATOMES-GERMES

L'Ego possède les forces (l'âme) des 4 Atomes-Germes.

L'Ego conserve les Atomes-Germes durant son séjour dans le 3ème Ciel, vers lequel il s'élève après que la gaine mentale ait été abandonnée, mais il n'y fait en général qu'un court séjour.

Lorsque l'Ego a assimilé ainsi une quantité suffisante de force spirituelle, l'Ego est imprégné du désir de faire de nouvelles expériences et l'idée d'une nouvelle naissance se fait jour.

L'Ego continue alors son chemin vers la renaissance.

Quand il s'en revient renaître dans le sein d'une mère, les parties de la Corde d'Argent germent à nouveau à partir des points ou les Atomes-Germes sont implantés.

LES PRÉPARATIFS POUR LA RENAISSANCE

— le désir de nouvelles expériences et de croissance
de l'âme attire l'Ego vers la réincarnation —

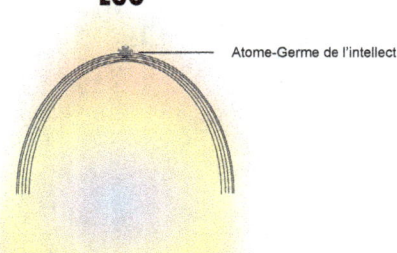

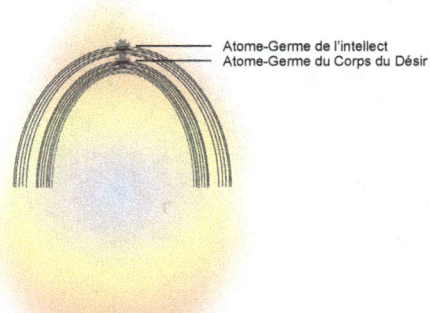

1 - L'Ego réunit les matériaux pour un nouvel intellect.

Les forces de l'intellect de la dernière incarnation sont réveillées dans l'Atome-Germe de l'Intellect et commencent à attirer les matériaux de la subdivision la plus élevée de la Région de la Pensée Concrète.
La matière accumulée dans le corps en forme de cloche s'enfonce dans la subdivision inférieure la plus rapprochée et y prend la quantité nécessaire. Il s'alourdit ainsi de plus en plus jusqu'à ce qu'il soit passé à travers les 4 subdivisions de la Région de la Pensée Concrète, et que la gaine du nouvel Intellect de l'homme soit complète.
Le véhicule construit autour de l'Atome-Germe devient une reproduction exacte du véhicule correspondant à la dernière incarnation, moins le mal qui a été éliminé, plus la quintessence du bien qui a été incorporé à l'Atome-Germe.

2 - L'Ego réunit les matériaux pour un nouveau Corps du Désir.

Les forces de l'Atome-Germe du Corps du Désir sont éveillées.
Les matériaux de la Région du Monde du Désir se disposent autour de l'Atome-Germe, et cela continue jusqu'à ce que la 1ere Région du Monde du Désir soit atteinte.

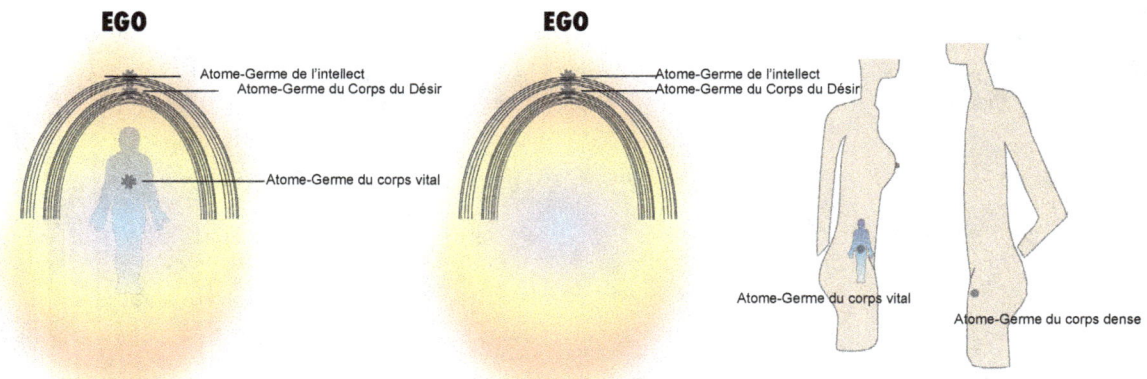

3 - L'Ego réunit les matériaux pour un nouveau corps vital

L'activité de l'Atome-Germe du corps vital est éveillé
Éther Réflecteur du corps vital est impressionné par les Seigneurs de la Destinée de telle façon que les images de la vie s'y reflètent.
Le corps vital est construit par les habitants du Monde Céleste et les esprits élémentaux de façon à former un type particulier de cerveau.
L'Ego y incorpore lui-même la quintessence de ses anciens corps vitaux tout en accomplissant un certain travail original, l'Épigenèse.

4 - Construction du corps dense

Le corps vital est placé dans l'utérus de la future mère.
l'Atome-Germe du corps dense se trouve dans la tête triangulaire de l'un des spermatozoïdes de la semence du père.
Sans la présence de ces deux derniers facteurs, aucune union sexuelle ne donnerait de résultats ; et quand un mariage est stérile, bien que les deux conjoints soient en bonne santé et désireux d'avoir des enfants, cela signifie simplement qu'aucun Ego en voie d'incarnation n'est attiré vers eux.
Le corps vital agit comme un moule à la formation du corps dense.
l'Atome-Germe du corps dense règle la quantité et la qualité de la matière qui doit entrer dans la composition de ce corps.
L'hérédité n'opère que sur les matériaux du corps dense et non sur les qualités de l'âme qui sont tout à fait individuelles.

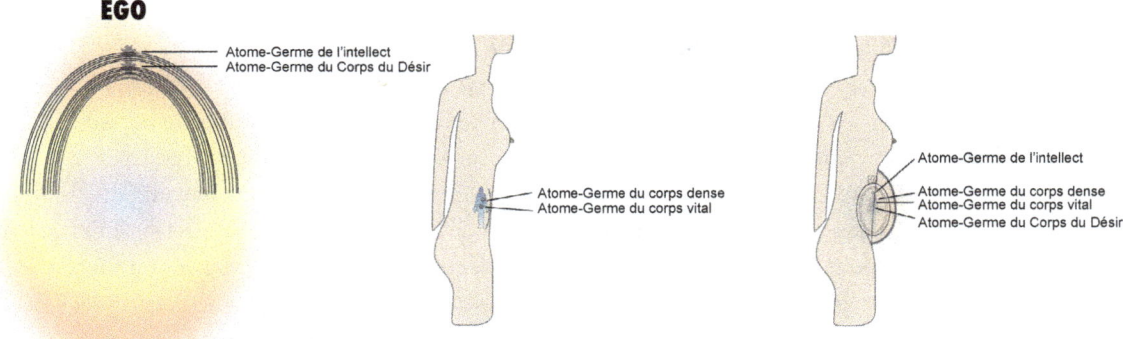

EGO

Atome-Germe de l'intellect
Atome-Germe du Corps du Désir

Atome-Germe du corps dense
Atome-Germe du corps vital

Atome-Germe de l'intellect
Atome-Germe du corps dense
Atome-Germe du corps vital
Atome-Germe du Corps du Désir

5 - Dévelopement du corps dense.

Quand la fécondation a eu lieu, le Corps du Désir de la mère travaille au développement du corps dense pendant une période de 18 à 21 jours.
L'Ego reste au-dehors, dans son Corps du Désir et dans la gaine de l'intellect, cependant très rapproché de la mère.

6 - L'Ego prend possession de son véhicule

Après la période de 18 à 21 jours, l'Ego pénètre à l'intérieur du corps vital.
Les véhicules en forme de cloche descendent sur le corps vital en le coiffant par la tête, puis la cloche se ferme à la partie inférieure.
À partir de ce moment, l'Ego couve son futur véhicule jusqu'à l'époque de la naissance de l'enfant.
Le thymus, qui contient une réserve de globules rouges, atteint son plus grand développement juste avant la naissance.

NOTE IMPORTANTE

Le moment de l'entrée dans le sein maternel est un des plus importants de la vie. Quand l'Ego qui s'incarne entre en contact avec le moule du corps vital dont nous venons de parler, il revoit le panorama de la vie qui l'attend ; celui-ci a été gravé sur le corps vital par les Anges de Justice pour donner à l'Ego les tendances nécessaires pour s'acquitter de la destinée mûre qu'il doit liquider dans sa vie nouvelle.
À ce moment, l'Ego est déjà tellement aveuglé par le voile de matière qu'il ne peut reconnaître, aussi clairement que lorsqu'il faisait son choix dans la région de la pensée abstraite, le bien final envisagé pour lui. Aussi quand une vie particulièrement dure se révèle à la vision de l'Ego qui revient, au moment d'entrer dans la matrice, il arrive parfois que l'Ego en est tellement saisi et effrayé qu'il tente de s'échapper. La liaison ne peut cependant être rompue, mais elle peut être relâchée ; au lieu du corps vital concentrique au corps physique, la tête du corps vital se trouve au-dessus de la tête du corps dense ; il en résulte l'idiotie congénitale.
Dans les conditions les plus favorables, l'effort est déjà grand pour l'Ego de traverser la période de gestation ; et les parents devraient tout faire pour ne pas l'aggraver plus qu'il n'est nécessaire.
Nous ne pouvons jamais savoir où est le point de rupture ; l'absence d'harmonie dans les relations des parents pendant les périodes critiques de la gestation, particulièrement la première période, peut avoir parfois des conséquences graves.

LE PROCESSUS DE LA RENAISSANCE

Les trois grands objectifs de l'évolution à travers la matière sont :

1. La spiritualisation de notre caractère ;
2. Le développement de la volonté par laquelle nous dirigeons les facultés acquises par l'expérience ;
3. Le développement de l'intellect créateur au moyen duquel nous créerons finalement directement et consciemment. Si nous coopérons avec ce plan, le bonheur sera une réalité constante.

Pour acquérir tout ce développement, il est nécessaire que l'Ego renaisse dans un corps physique un grand nombre de fois.

Quand toutes les expériences d'une vie quelconque ont été assimilées spirituellement dans les Mondes Supérieurs, l'esprit sent la nécessité d'en acquérir de nouvelles. Ce désir le pousse irrésistiblement à renaître. Notre connaissance de la renaissance ne repose pas sur la spéculation. La renaissance est l'un des premiers faits qui est démontré à l'étudiant de l'École des Mystères. Il lui est enseigné de veiller un enfant au moment où il meurt ; puis de suivre cet enfant à travers le monde invisible, jour après jour, jusqu'à ce qu'il renaisse après quelques années. Après avoir fait cela, l'étudiant sait avec une certitude absolue que la renaissance est un fait et non pas simplement une théorie métaphysique.

Avant l'événement que nous appelons la naissance, l'homme futur est enfermé dans un autre corps, celui de la mère, et ne peut donc prendre contact directement avec le monde des sens. Cette retraite est nécessaire pour amener l'organisme au point voulu de maturité, où il sera apte à recevoir lui-même toutes les impressions. Quand ce point est atteint, l'enveloppe protectrice de l'utérus s'ouvre et la nouvelle créature humaine fait son entrée sur la scène du monde.

L'homme est bien autre chose qu'un simple corps dense ; il ne faut pas s'imaginer que ses autres véhicules sont tout aussi mûrs lorsqu'il naît dans le Monde Physique. En effet, ils ne le sont pas :

- Le corps vital grandit et mûrit à l'intérieur de son enveloppe d'Éther jusqu'à la septième année, ou jusqu'au changement de dentition.
- Le Corps du Désir a besoin d'être protégé contre les attaques du monde du désir jusqu'à sa naissance, vers la quatorzième année, au moment que nous appelons la puberté.
- Quant à l'intellect, il n'est pas assez mûr pour être libéré de son enveloppe protectrice avant que l'homme atteigne sa majorité à vingt et un ans.

Ces périodes ne sont qu'approximatives, car chaque personne diffère des autres en ce qui concerne leur exactitude, mais celles que nous donnons sont assez précises.

La raison de ce lent développement des véhicules supérieurs repose sur le fait qu'ils sont des apports relativement récents à l'organisme de l'Ego ; et le corps dense, au contraire, a la plus longue évolution, et il est de loin l'instrument le plus parfait et le plus précieux que nous possédions. Parfois certaines personnes qui ont récemment appris l'existence des véhicules supérieurs, parlent ou rêvent sans cesse de la joie de s'envoler dans le Corps du Désir, et de quitter leur « bas » et « vil » corps

dense ; cela montre qu'elles n'ont pas encore appris à apprécier la différence entre « supérieur » et « parfait ». Le corps dense est une merveille de perfection, avec son squelette solidement articulé, ses délicats organes des sens, son mécanisme coordonnateur de nerfs et cerveau qui le rend supérieur à tout autre mécanisme du monde.

Nous nous rendons compte qu'un jour, dans un lointain avenir, nos véhicules supérieurs atteindront à une perfection bien au-dessus de celle de notre corps dense : mais nous devons nous rappeler qu'actuellement ils sont plus ou moins organisés, et de peu de valeur quand il sont détachés de notre parfait organisme physique. Nous devrions en toutes choses rendre grâces aux Êtres Sublimes qui nous ont aidés à développer ce splendide instrument, grâce auquel nous fonctionnons maintenant dans le monde comme des êtres humains conscients et menons à bien nos destinées, vie après vie, en devenant chaque fois un peu plus semblables à notre Père Céleste.

Nous voyons donc que la naissance comporte quatre phases successives ; pour bien remplir notre devoir d'éducateurs, il est absolument nécessaire que nous sachions et connaissions les faits qui en découlent. Nous ne pouvons pas arracher de la matrice le fœtus avant la naissance, et l'exposer aux chocs du monde extérieur ; agir ainsi le tuerait. Il est également dangereux de rompre les matrices des corps invisibles et d'exposer l'enfant avant maturité aux chocs du monde moral et mental ; bien qu'une telle façon d'agir ne tue pas toujours le corps dense, elle trouble toujours ses facultés, car ce qui blesse un corps est toujours nuisible aux autres véhicules.

Pour bien élever un enfant, il est donc nécessaire d'avoir une notion de l'effet de l'éducation sur les différents véhicules, et des justes méthodes à employer ; il faut cependant constamment avoir présent à l'esprit que les règles générales ne sont pas toujours applicables à des cas individuels .

Nous avons vu que, quand l'Ego a terminé son temps à l'école de la vie, la force centrifuge de répulsion lui fait rejeter à la mort son véhicule physique, puis le corps vital qui est le plus dense après lui. Au Purgatoire ensuite, la matière-désir la plus dense accumulée par l'Ego pour y incorporer ses désirs les plus bas, a été expurgée par cette force centrifuge. Dans les Mondes Supérieurs seulement, la force d'attraction domine et conserve le bien par action centripète, qui tend à tout attirer de la périphérie vers le centre.

C'est aussi cette force centripète d'Attraction qui gouverne pendant que l'Ego revient vers sa nouvelle naissance. Nous savons que nous pouvons jeter une pierre plus loin qu'une plume. C'est pourquoi la matière la plus dense a été rejetée à l'extérieur après la mort par la force de répulsion. Pour la même raison, la matière la plus dense, dans laquelle l'Ego qui revient incorpore sa tendance au mal, est projetée en tourbillons à l'intérieur, vers le centre, par la force centripète d'Attraction. Résultat : à la naissance d'un enfant tout ce qui est le meilleur et le plus pur apparaît à l'extérieur. Le mal latent ne se manifeste pas habituellement avant la naissance du Corps du Désir, vers l'âge de quatorze ans, où les courants dans ce véhicule commencent à s'épancher vers l'extérieur, venant du foie. À ce moment l'Ego commence à « vivre » sa vie indivi-

duelle et montre ce qu'il contient.

Les astres sont l'horloge de la destinée : ils montrent les tendances cachées. Alors que les astrologues peuvent se tromper dans la prédiction des événements, un bon astrologue peut révéler exactement le caractère d'une personne dans 99 pour 100 des cas. Les parents peuvent ainsi obtenir un guide pour le côté caché de la nature d'un enfant.

Mais il faut bien peu d'aptitudes pour établir un thème astrologique, et il est toujours préférable pour les parents d'apprendre à le faire plutôt que d'avoir recours à des tiers ; ils auront ainsi une compréhension bien plus profonde du caractère de leur enfant.

LE DÉVELOPPEMENT DE LA CORDE D'ARGENT DURANT LA RENAISSANCE

La Corde d'Argent repousse à chaque vie pendant la période utérine. Une partie jaillit de l'Atome-Germe du Corps du Désir dans le tourbillon du foie, l'autre partie sort de l'Atome-Germe du corps dense, hors du cœur. Ces 2 parties se rejoignent dans l'Atome-Germe du corps vital, dans le plexus solaire ; cette union des véhicules inférieurs et supérieurs créée la vie.

Durant les vingt premier jours de la période de gestation, le sang du fœtus est nucléé par la vie maternelle qui règle le processus de l'édification du corps. Ensuite l'Ego commence à agir sur le fœtus à partir de l'extérieur, à la façon dont les Esprits-Groupes agissent sur ceux dont ils ont la charge. À cette époque, il y a plus de globules qui sont nucléés et la vie cellulaire domine dans une certaine mesure. L'Ego est dans l'utérus, mais n'a pas encore pénétré ses véhicules. Puis la partie inférieure de la Corde d'Argent commence à pousser hors de l'Atome-Germe du cœur et s'étend vers le haut, tandis que la partie supérieurs sort du tourbillon central du Corps du Désir dont l'Ego est revêtu.

Comme l'Esprit commence à se retirer dans ses véhicules dans la 4ème Époque dite *Atlantéenne*, il les interpénètre graduellement et devient dynamiquement actif ; ainsi l'Esprit individuel commence à pénétrer le fœtus durant le 4ème mois ; il prend graduellement possession de l'organisme en formation.

Quand les parties inférieures et supérieures de la Corde d'Argent s'unissent, la vie sensorielle commence et la vie est

stimulée.

l'Atome-Germe du corps vital est logé durant la journée dans un endroit vulnérable nommé le plexus solaire. Cet atome-germe est composé des 2 Éthers inférieurs, et il est la racine de la partie du corps vital qui est ce qui meurt après chaque incarnation nouvelle. l'Atome-Germe du corps vital rassemble autour de lui les 2 Éthers inférieurs qui servent à édifier la matrice du nouveau corps vital quand l'Ego descend pour renaître.

Les 2 segments inférieurs de la Corde d'Argent se trouvent déjà dans le sein maternel avant la naissance, et ils acquièrent par la suite un développement plus complet durant les 3 premières périodes septénaires qui conduisent à l'état d'adulte du corps physique.

Le 3ème segment de la Corde d'Argent, compose de substance mentale qui provient de l'Atome-Germe du corps mental, n'existe pas dans la vie intra-utérine, ni à la naissance. Pourtant, le chemin qu'il va suivre est d'ores et déjà indiqué par l'archétype ; il a la racine, ou son germe, dans l'Atome-Germe du corps mental.

7 — LA NAISSANCE DU CORPS DENSE

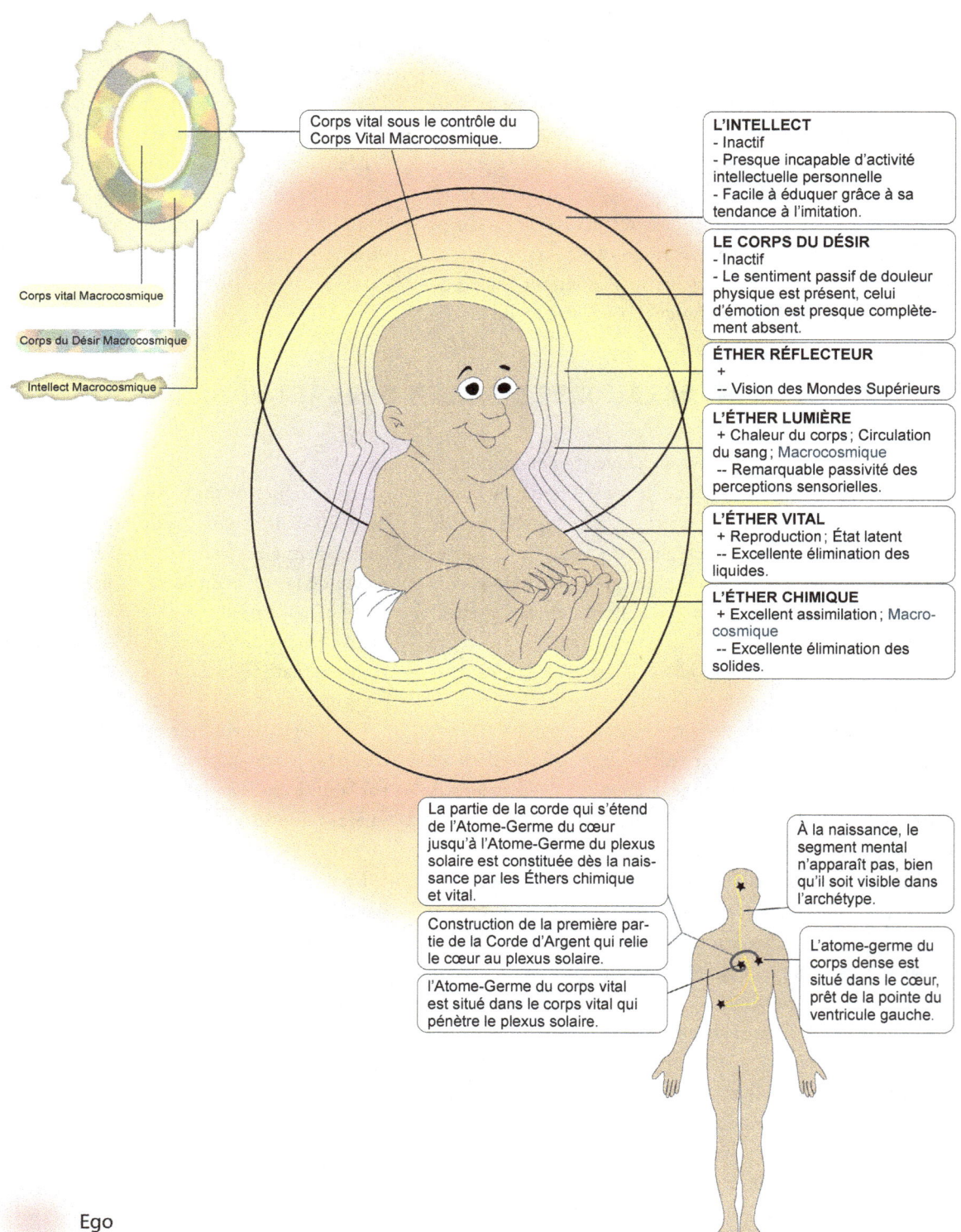

Corps vital sous le contrôle du Corps Vital Macrocosmique.

Corps vital Macrocosmique

Corps du Désir Macrocosmique

Intellect Macrocosmique

L'INTELLECT
- Inactif
- Presque incapable d'activité intellectuelle personnelle
- Facile à éduquer grâce à sa tendance à l'imitation.

LE CORPS DU DÉSIR
- Inactif
- Le sentiment passif de douleur physique est présent, celui d'émotion est presque complète-ment absent.

ÉTHER RÉFLECTEUR
+
-- Vision des Mondes Supérieurs

L'ÉTHER LUMIÈRE
+ Chaleur du corps ; Circulation du sang ; Macrocosmique
-- Remarquable passivité des perceptions sensorielles.

L'ÉTHER VITAL
+ Reproduction ; État latent
-- Excellente élimination des liquides.

L'ÉTHER CHIMIQUE
+ Excellent assimilation ; Macro-cosmique
-- Excellente élimination des solides.

La partie de la corde qui s'étend de l'Atome-Germe du cœur jusqu'à l'Atome-Germe du plexus solaire est constituée dès la nais-sance par les Éthers chimique et vital.

Construction de la première par-tie de la Corde d'Argent qui relie le cœur au plexus solaire.

l'Atome-Germe du corps vital est situé dans le corps vital qui pénètre le plexus solaire.

À la naissance, le segment mental n'apparaît pas, bien qu'il soit visible dans l'archétype.

L'atome-germe du corps dense est situé dans le cœur, prêt de la pointe du ventricule gauche.

Ego

LE PROCESSUS DE LA NAISSANCE DU CORPS DENSE

À la naissance physique, le corps dense commence à sentir les contacts avec le monde extérieur, qui agit sur lui comme le faisaient auparavant les forces du corps maternel. Ce que celles-ci faisaient pendant la vie prénatale, les contacts avec les éléments continuent à le faire pendant toute la vie physique. Jusqu'à la septième année, ou au changement de dentition, se développe une activité particulière qui est largement différente des activités des époques suivantes de la vie. Les organes des sens prennent certaines formes définies qui leur donnent leurs structures de base et déterminent leur orientation dans une direction ou une autre. Ils grandissent plus tard, mais leur développement suit les voies tracées pendant ces sept premières années, et les fautes ou occasions négligées ne pourront jamais être réparées ou recouvrées après dans la vie. Si membres et organes ont pris des formes justes, l'ensemble après la croissance sera harmonieux; mais si une malformation s'est produite, le petit corps sera plus ou moins mal fait. C'est le devoir des parents de donner à l'enfant le milieu qui lui convient pendant cette période, comme la nature le fait avant la naissance; car cela seul peut donner à cet organisme sensible une direction et une croissance correctes.

Il y a deux mots magiques qui montrent la manière dont l'enfant entre en contact avec les influences formatrices de son entourage: « Exemple » et « Imitation ». Il n'est pas de créature plus imitative que le petit enfant, et dans cette imitation réside la force qui donne tendances et direction à ce petit organisme. Tout, dans l'entourage de l'enfant, laisse son impression en bien ou en mal; et nous devrions nous rendre compte que le plus petit de nos actes peut faire un mal ou un bien incalculable dans la vie de nos enfants.

Nous ne devrions jamais, en présence de l'enfant, faire un geste que nous ne voudrions pas le voir imiter.

Le corps dense et les véhicules supérieurs restent longtemps inactifs. Aucune de leurs facultés positives n'est active. Les forces négatives sont excellentes.

Le corps vital croit et mûrit lentement dans la matrice du Corps Vital Macroscopique.

ÂGE

0 à 7 ans.

ATOME-GERME ET CORDE D'ARGENT

La science physique sait que, quelle que soit la nature de la force qui anime le cœur, elle ne vient pas de l'extérieur, mais réside à l'intérieur du cœur. Quant à l'occultiste, il voit une cavité dans le ventricule gauche, près de la pointe, où un petit atome nage dans un océan de l'Éther le plus subtil. La force contenue dans cet atome, comme les forces de tous les autres atomes est la vie indifférenciée en Dieu; sans cette force, le minéral ne pourrait donner à la matière la forme de cristaux; quant aux règnes végétal, animal et humain, ils seraient incapables de former leurs corps. Plus nous allons au fond des choses, plus devient claire pour nous cette vérité fondamentale qu'en Dieu nous avons la vie, le mouvement et l'être (Actes 17/28).

Cet atome s'appelle « l'Atome-Germe ». La force qu'il contient anime le cœur et maintient la vie dans l'organisme. Tous les autres atomes du corps entier doivent vibrer en harmonie avec cet atome. Les forces de l'Atome-Germe ont été intégrées à tous les corps denses possédés autrefois par l'Ego particulier auquel il est attaché; et sur sa matière plastique sont gravées toutes les expériences de cet Ego au cours de toutes ses existences. Quand nous retournerons à Dieu, quand nous serons tous devenus une fois encore « Un en Dieu », ces archives qui sont particulièrement le « livre » de Dieu (Apocalypse 20/12), subsisteront toujours, et c'est par elles que nous conserverons notre individualité. Nous transformons nos expériences, comme nous le décrirons, en facultés; le mal est transmué en bien, et ce bien est conservé comme pouvoir de faire un bien plus élevé, mais les archives enregistrées de nos expériences appartiennent à Dieu et sont en Dieu, dans le sens le plus intime.

La « Corde d'Argent » qui unit les véhicules supérieurs et inférieurs se termine par l'Atome-Germe dans le cœur.

De 0 à 7 ans s'opère la construction de la première partie de la Corde d'Argent qui relie le cœur au plexus solaire.

La partie de la corde qui s'étend de l'Atome-Germe du cœur jusqu'à l'Atome-Germe du plexus solaire est constitué dés la naissance par les 2 Éthers chimique et vital.

Le « pôle négatif » est plus actif que le « pôle positif » des Éthers pendant l'enfance; le processus de maturation est en rapport avec le « pôle positif ». Depuis la naissance jusqu'à l'âge de 7 ans, la partie de la corde éthérique qui marque le plus d'activité est celle de l'Éther Chimique (qui a toute son importance dans le processus d'assimilation et d'excrétion). l'Atome-Germe du corps vital placé dans le plexus solaire consiste à la fois d'Éther Chimique et vital.

À la naissance, le segment mental n'apparaît pas, bien qu'il soit visible dans l'archétype et qu'il existe en potentiel au fond de sa racine; l'Atome-Germe de l'intellect est localisé prés du sinus frontal.

8 — LA NAISSANCE DU CORPS VITAL

— croissance —

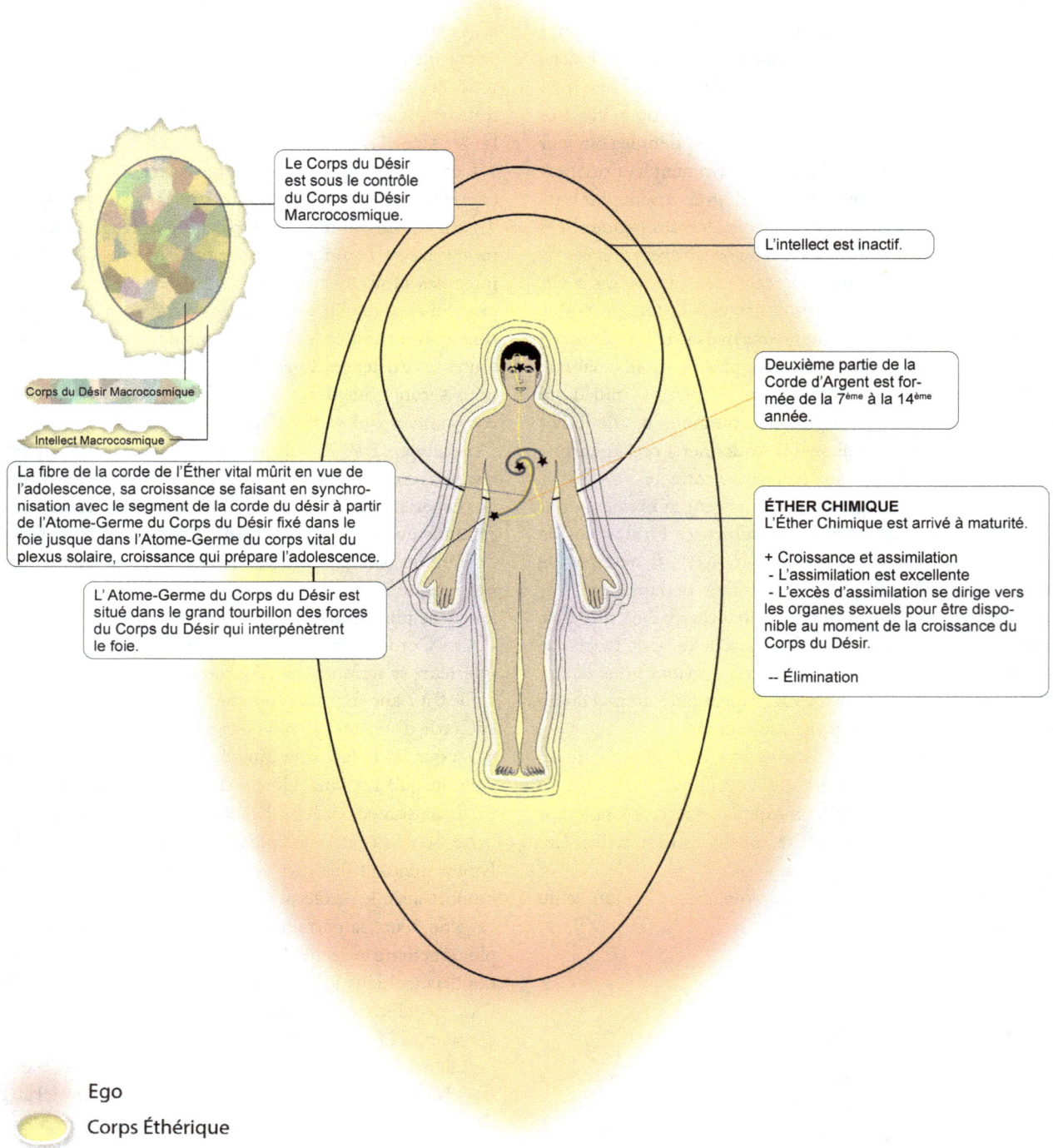

Le Corps du Désir est sous le contrôle du Corps du Désir Macrocosmique.

L'intellect est inactif.

Corps du Désir Macrocosmique

Intellect Macrocosmique

Deuxième partie de la Corde d'Argent est formée de la 7ème à la 14ème année.

La fibre de la corde de l'Éther vital mûrit en vue de l'adolescence, sa croissance se faisant en synchronisation avec le segment de la corde du désir à partir de l'Atome-Germe du Corps du Désir fixé dans le foie jusque dans l'Atome-Germe du corps vital du plexus solaire, croissance qui prépare l'adolescence.

ÉTHER CHIMIQUE
L'Éther Chimique est arrivé à maturité.

+ Croissance et assimilation
 - L'assimilation est excellente
 - L'excès d'assimilation se dirige vers les organes sexuels pour être disponible au moment de la croissance du Corps du Désir.

 -- Élimination

L'Atome-Germe du Corps du Désir est situé dans le grand tourbillon des forces du Corps du Désir qui interpénètrent le foie.

Ego

Corps Éthérique

LE PROCESSUS DE LA NAISSANCE DU CORPS VITAL

Vers la septième année, le corps vital de l'enfant a acquis une perfection suffisante pour lui permettre de prendre contact avec le monde extérieur. Il quitte sa gaine protectrice d'Éther et commence sa vie libre. Vient alors le temps où l'éducateur peut travailler sur le corps vital et l'aider à former mémoire, conscience, bonnes habitudes et une constitution harmonieuse. « Autorité » et « Instruction » sont les mots d'ordre de cette période, où l'enfant doit apprendre la signification des choses. Dans la première époque, il apprend que les choses existent, mais il ne faut pas l'ennuyer avec ce qu'elles signifient, sauf dans ce qu'il glane de lui-même. Dans la seconde époque, au contraire, de sept à quatorze ans, il est essentiel que l'enfant apprenne la signification des choses ; mais il doit apprendre à les admettre selon l'autorité des parents et des maîtres, en fixant leurs explications dans sa mémoire plutôt qu'en raisonnant par lui-même ; car la raison appartient à un stade ultérieur de développement et, bien que l'enfant puisse le faire de lui-même avec profit, il est mauvais à cette période de le forcer à penser.

Pour que l'enfant tire le meilleur profit de l'instruction que lui donnent parents et maîtres, il est naturellement nécessaire qu'il ait la plus grande vénération pour eux et admiration pour leur savoir. Il faut donc que nous nous comportions d'une manière qu'il puisse toujours retenir ; car s'il voit en nous de la frivolité, s'il entend parler légèrement et observe une conduite généralement relâchée, nous le privons du meilleur soutien de l'effort dans la vie : la foi et la confiance dans les autres. C'est à cet âge que se font les désabusés et les sceptiques. Nous sommes responsables devant Dieu des vies confiées à nos soins, et nous aurons à répondre devant la loi de cause à effet si nous négligeons, par nonchalance, l'occasion qui nous est donnée de guider les premiers pas d'un de nos semblables dans le droit chemin ; et l'exemple est toujours meilleur que les préceptes.

Les avertissements ont peu d'utilité. Montrons à l'enfant de vivants exemples des effets des vertus et des vices ; peignons devant sa jeune imagination l'image d'un ivrogne ou d'un voleur, et aussi celle de saints personnages : cela affectera son corps vital de telle manière qu'il éprouvera une aversion pour les uns et un ardent désir d'imiter les autres.

À cette période, l'enfant doit aussi être instruit de l'origine de son être, afin qu'il soit bien préparé pour le temps orageux de la passion, qui rend l'adolescence si dangereuse ; ces informations doivent aussi lui être données sous formes d'images mentales et d'exemples tirés de la nature, mais de manière à bien pénétrer l'enfant de la sainteté de cette fonction. C'est un devoir et une obligation pour les parents d'éclairer convenablement l'enfant. Ne pas le faire serait comme le placer, les yeux bandés, parmi d'innombrables pièges, en lui recommandant de n'y pas tomber. Arrachez au moins le bandeau ; l'enfant sera suffisamment handicapé sans lui.

- Le Corps Vital individuel naît du Corps Vital Macrocosmique
- À 7 ans, l'Éther Chimique est arrivé à maturité.
- Les Éthers positifs sont libérés.
- Période excessive et dangereuse du Corps Vital.
- Le Corps du Désir Macrocosmique remplit la fonction de matrice pour le Corps du Désir individuel.
- Le thymus disparaît, le sentiment de « moi » atteint son expression la plus complète.
- Le corps vital d'un enfant s'étend plus loin que celui d'un adulte, parce que la matière dont il est formé n'a pas encore été entièrement utilisée par l'Ego.

ÂGE

7 à 14 ans.

ATOME-GERME ET CORDE D'ARGENT

Construction de la deuxième partie de la Corde d'Argent, de matière du Désir, qui relie le plexus solaire au grand tourbillon du foie. Cette étape représente la Vivification Physique.

De 7 à 14 ans, la fibre de la corde de l'Éther vital mûrit en vue de l'adolescence, sa croissance se faisant en synchronisation avec le segment de la corde du désir à partir de l'Atome-Germe du Corps du Désir fixe dans le foie jusque dans l'Atome-Germe du corps vital du plexus solaire. Cette croissance prépare l'adolescence. La maturité de la Corde d'Argent marque la fin de l'enfance. À partir de ce moment, l'énergie solaire pénètre dans la rate.

L'enfant possède un intellect, il est capable de penser, mais il manque de contrôle vis-à-vis de son propre corps (contrairement à ce que l'on constate chez les animaux qui, très tôt après leur naissance, sont capables de se débrouiller grâce à l'intervention de leur Esprit-Groupe).

La substance désir de la corde maîtresse relie l'Atome-Germe du Corps du Désir dans le grand tourbillon du foie avec l'Atome-Germe du corps vital dans le plexus solaire. Ce n'est pas qu'elle fasse communiquer le foie avec le plexus solaire ; mais le Corps du Désir avec le corps vital au moyen de la corde et des Atomes-Germes.

Le segment qui va du foie au plexus solaire est fait de substance désir, et il est évident qu'il est la voie par où l'essence du Corps du Désir peut exercer son influence sur le corps éthérique et, au bout du compte, sur notre organisme physique.

9 — LA NAISSANCE DU CORPS DU DÉSIR

— la puberté —

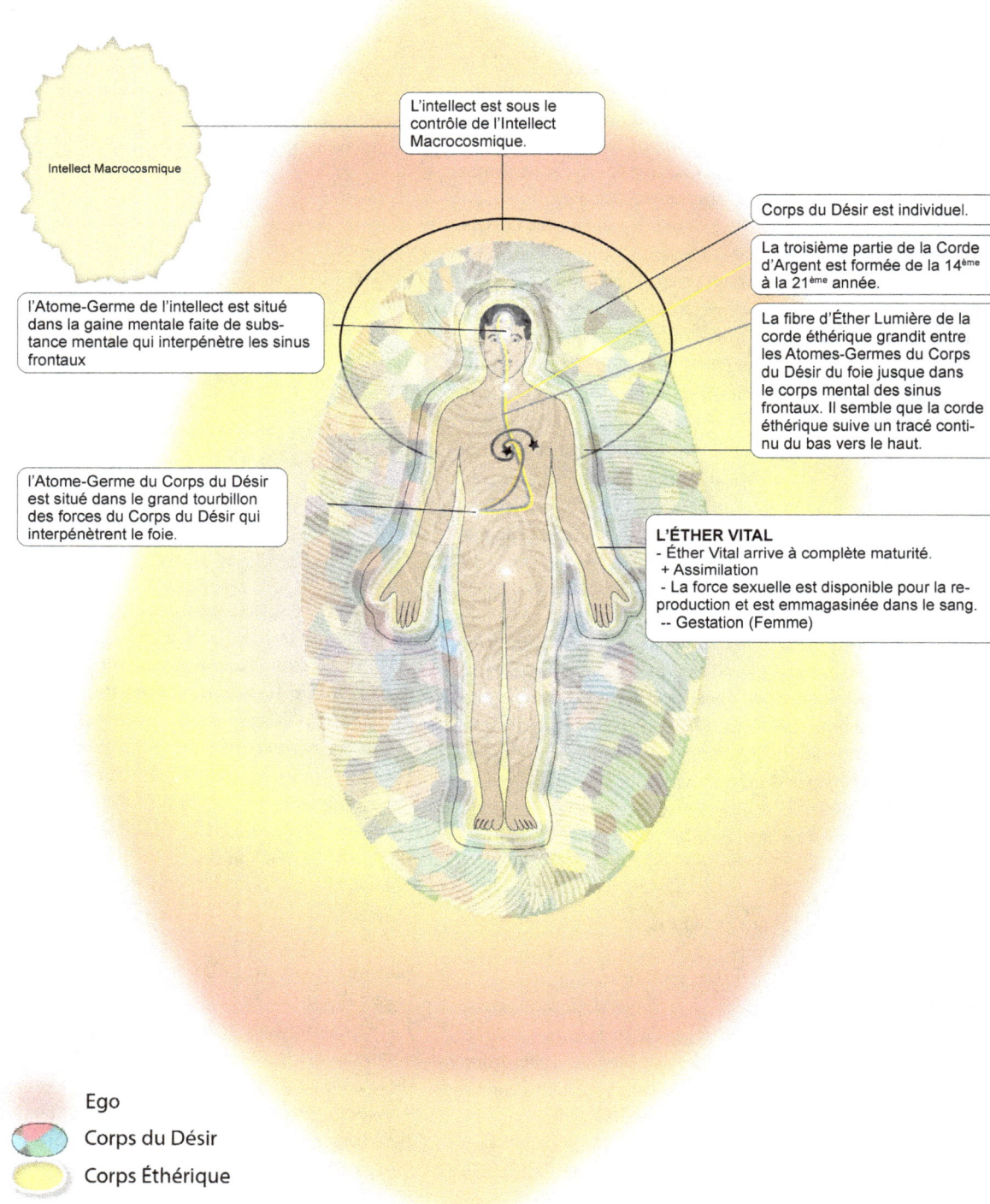

Intellect Macrocosmique

L'intellect est sous le contrôle de l'Intellect Macrocosmique.

l'Atome-Germe de l'intellect est situé dans la gaine mentale faite de substance mentale qui interpénètre les sinus frontaux

l'Atome-Germe du Corps du Désir est situé dans le grand tourbillon des forces du Corps du Désir qui interpénètrent le foie.

Corps du Désir est individuel.

La troisième partie de la Corde d'Argent est formée de la 14ème à la 21ème année.

La fibre d'Éther Lumière de la corde éthérique grandit entre les Atomes-Germes du Corps du Désir du foie jusque dans le corps mental des sinus frontaux. Il semble que la corde éthérique suive un tracé continu du bas vers le haut.

L'ÉTHER VITAL
- Éther Vital arrive à complète maturité.
+ Assimilation
- La force sexuelle est disponible pour la reproduction et est emmagasinée dans le sang.
-- Gestation (Femme)

Ego

Corps du Désir

Corps Éthérique

LE PROCESSUS DE LA NAISSANCE DU CORPS DU DÉSIR

Le corps du désir naît vers la quatorzième année, au moment de la puberté. C'est le moment où émotions et passions commencent à exercer leur pouvoir sur les jeunes gens et jeunes filles, car la gaine de matière-désir qui protégeait auparavant le corps du désir naissant a disparu. C'est là, dans la plupart des cas, un temps d'épreuves ; il est donc bon pour l'adolescent d'avoir appris à considérer avec respect ses parents et ses maîtres, car il puisera en eux la force de résister à l'assaut des émotions. S'il a été habitué à avoir confiance en ses aînés, et s'il a reçu d'eux un enseignement sage, il aura développé à ce moment un sens intime de la vérité qui lui sera un guide sûr. Au contraire, dans la mesure même où il ne l'aura pas fait, il risquera d'aller à la dérive.

C'est maintenant qu'il faut lui apprendre à étudier les choses par lui-même, et à se former ainsi des opinions personnelles.

Pénétrons-le de la nécessité d'un examen approfondi avant tout jugement, et aussi du fait que plus il gardera de mobilité à ses opinions, mieux il sera capable d'étudier des faits nouveaux et d'acquérir des notions nouvelles. Il atteindra ainsi sa majorité à 21 ans, moment où l'intellect à son tour est entièrement libre ; et il sera capable de prendre place dans le monde en citoyen complet, en adulte accompli, faisant honneur à ceux dont les soins aimants l'ont protégé pendant ses années de croissance.

Le corps du désir individuel naît du Corps du Désir Macrocosmique et commence à travailler sur le Corps Dense.

Le corps du désir s'oppose à un excès de croissance du corps vital.

La force sexuelle employée à l'excès de croissance dans l'Éther Chimique est disponible pour la reproduction. La force sexuelle est emmagasinée dans le sang. C'est le début de la puberté.

À 14 ans, le corps du désir est né et, avec lui l'Éther Lumière arrivé à maturité, ce qui explique les excès de « sang chaud » des adolescents. La chaleur du sang est en fonction de l'Éther Lumière quand l'Ego fait sentir sa présence dans le corps. L'enfant se rend maintenant compte qu'il est un individu séparé et il commence à se soustraire à la contrainte de ses parents. Toutefois, le segment mental de la Corde d'Argent est encore incomplet et l'Ego ne possède pas encore le plein contrôle de ses véhicules, notamment en ce qui concerne sa nature émotionnelle où bouillonnent les désirs, les espoirs et les souhaits.

L'intellect est nourri par l'Intellect Macrocosmique.

ÂGE

14 à 21 ans.

ATOME-GERME ET CORDE D'ARGENT

Construction de la troisième partie de la Corde d'Argent (constituée de matière Mentale) qui relie le grand tourbillon du foie au sinus frontal. Cette étape représente la Vivification Mentale.

Le 3ème segment de la corde se développe à partir de la racine de l'Atome-Germe du corps mental durant la 3ème période septénaire, mais il se développe lentement durant toute la période de l'enfance et de l'adolescence.

Sa jonction avec la Corde d'Argent dans le grand tourbillon du foie du corps du désir marque le début de l'âge adulte.

La fibre d'Éther Lumière de la corde éthérique grandit entre les Atomes-Germes du corps du désir du foie jusque dans le corps mental des sinus frontaux. Il semble que la corde éthérique suive un tracé continu du bas vers le haut.

10 — LA NAISSANCE DE L'INTELLECT

— la majorité —

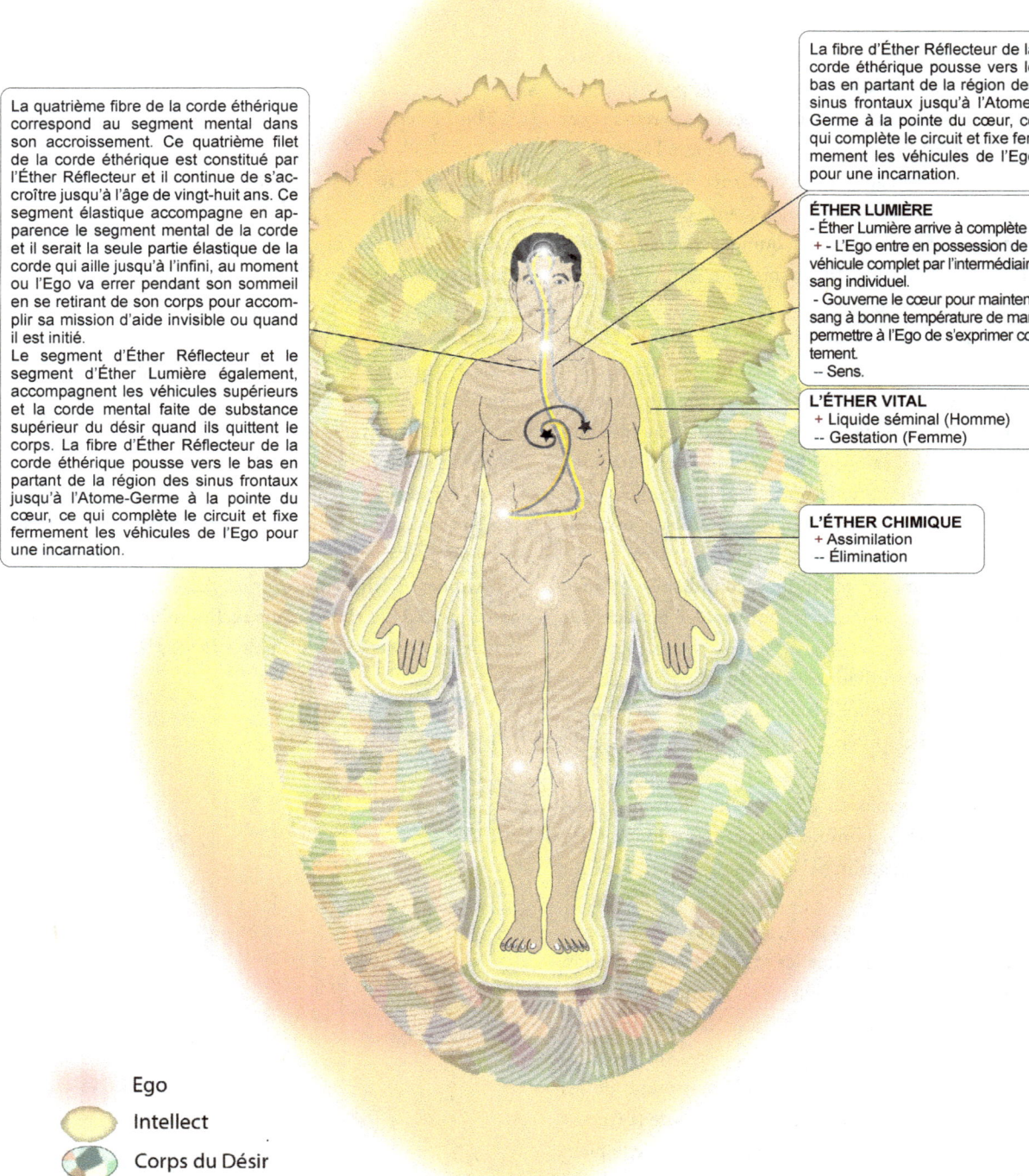

La quatrième fibre de la corde éthérique correspond au segment mental dans son accroissement. Ce quatrième filet de la corde éthérique est constitué par l'Éther Réflecteur et il continue de s'accroître jusqu'à l'âge de vingt-huit ans. Ce segment élastique accompagne en apparence le segment mental de la corde et il serait la seule partie élastique de la corde qui aille jusqu'à l'infini, au moment ou l'Ego va errer pendant son sommeil en se retirant de son corps pour accomplir sa mission d'aide invisible ou quand il est initié.

Le segment d'Éther Réflecteur et le segment d'Éther Lumière également, accompagnent les véhicules supérieurs et la corde mental faite de substance supérieur du désir quand ils quittent le corps. La fibre d'Éther Réflecteur de la corde éthérique pousse vers le bas en partant de la région des sinus frontaux jusqu'à l'Atome-Germe à la pointe du cœur, ce qui complète le circuit et fixe fermement les véhicules de l'Ego pour une incarnation.

La fibre d'Éther Réflecteur de la corde éthérique pousse vers le bas en partant de la région des sinus frontaux jusqu'à l'Atome-Germe à la pointe du cœur, ce qui complète le circuit et fixe fermement les véhicules de l'Ego pour une incarnation.

ÉTHER LUMIÈRE
- Éther Lumière arrive à complète maturité.
+ - L'Ego entre en possession de son véhicule complet par l'intermédiaire du sang individuel.
- Gouverne le cœur pour maintenir le sang à bonne température de manière à permettre à l'Ego de s'exprimer correctement.
-- Sens.

L'ÉTHER VITAL
+ Liquide séminal (Homme)
-- Gestation (Femme)

L'ÉTHER CHIMIQUE
+ Assimilation
-- Élimination

Ego

Intellect

Corps du Désir

Corps Éthérique

LE PROCESSUS DE LA NAISSANCE DE L'INTELLECT

À 21 ans, l'Intellect individuel naît de l'Intellect Concret Macrocosmique.

L'Ego entre en possession de son véhicule complet par l'intermédiaire de la chaleur du sang, et en développant le sang individuel lorsque l'Éther Lumière a atteint son développement complet. Ce dernier gouverne le cœur afin que le corps ne soit ni trop chaud, ni trop froid afin que l'Ego fonctionne correctement.

ÂGE

21 à 28 ans.

ATOME-GERME ET CORDE D'ARGENT

La Corde d'Argent est composée d'Éther, de substance du désir, et de substance mentale. Elle a la forme de deux « 6 » renversés, l'un est horizontal et l'autre vertical. Leurs extrémités s'agrippent au plexus solaire. Le troisième segment, fait de substance mentale, provient de l'Atome-Germe du corps mental qui interpénètre les sinus frontaux et de là, il descend entre le corps pituitaire et la glande pinéale en touchant le thymus et la glande thyroïde, puis contourne la rate à gauche et retourne aux glandes surrénales pour rejoindre finalement la seconde partie de la Corde d'Argent qui est faite de substance du désir et qui est enracinée dans le grand tourbillon qui interpénètre le foie. De là, la corde de substance du désir va au plexus solaire où aboutit la corde éthérique venant de l'Atome-Germe du cœur.

Mais, cette corde majeure, ainsi que nous pouvons la nommer, fut dès l'origine implantée dans la vie intra-utérine. Ensuite, un second développement a pris place après la naissance jusqu'à la vingt-huitième année. La réunion des deux premiers segments marque la vitalisation dans la matrice. Mais vingt et une années et même vingt-huit, sont nécessaires pour que le segment mental arrive à sa complète maturité et pour que soit réalisée d'une façon permanente sa jonction avec l'Atome-Germe du corps du désir dans le grand tourbillon central du foie.

La 4ème fibre de la corde éthérique correspond au segment mental dans son accroissement. Ce quatrième filet de la corde éthérique est constitué par l'Éther Réflecteur et il continue de s'accroître jusqu'à l'âge de 28 ans. Ce segment élastique accompagne en apparence le segment mental de la corde et il serait la seule partie élastique de la corde qui aille jusqu'à l'infini, au moment ou l'Ego va errer pendant son sommeil en se retirant de son corps pour accomplir sa mission d'aide invisible ou quand il est initié.

Le segment d'Éther Réflecteur et le segment d'Éther Lumière accompagnent les véhicules supérieurs et la corde mental faite de substance supérieur du désir quand ils quittent le corps. La fibre d'Éther Réflecteur de la corde éthérique pousse vers le bas en partant de la région des sinus frontaux jusqu'à l'Atome-Germe à la pointe du cœur, ce qui complète le circuit et fixe fermement les véhicules de l'Ego pour une incarnation.

11 — L'HOMME MÛR

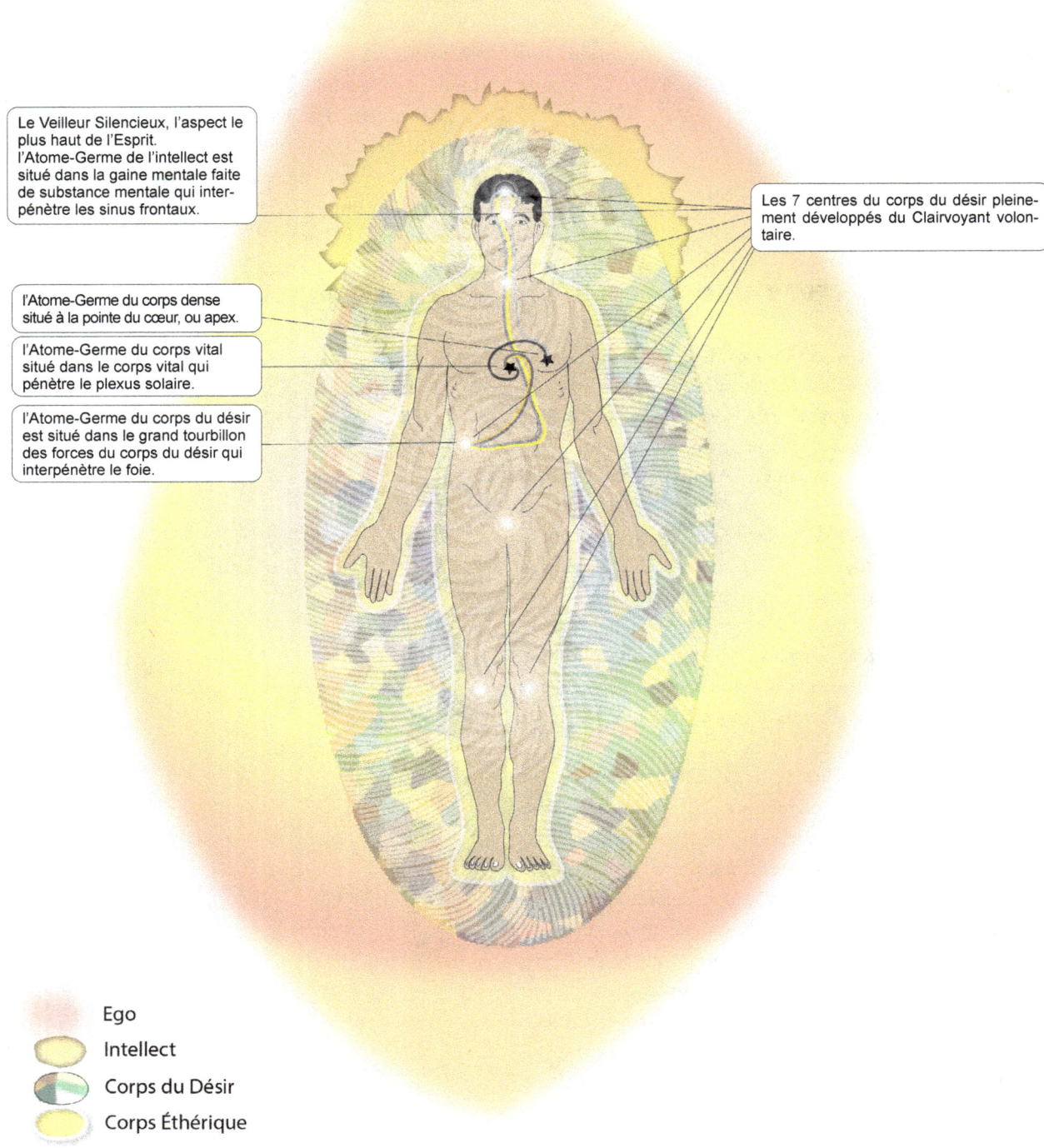

Le Veilleur Silencieux, l'aspect le plus haut de l'Esprit. l'Atome-Germe de l'intellect est situé dans la gaine mentale faite de substance mentale qui interpénètre les sinus frontaux.

Les 7 centres du corps du désir pleinement développés du Clairvoyant volontaire.

l'Atome-Germe du corps dense situé à la pointe du cœur, ou apex.

l'Atome-Germe du corps vital situé dans le corps vital qui pénètre le plexus solaire.

l'Atome-Germe du corps du désir est situé dans le grand tourbillon des forces du corps du désir qui interpénètre le foie.

Ego

Intellect

Corps du Désir

Corps Éthérique

LE TRAVAIL QUE DOIT ACCOMPLIR L'HOMME MÛR

Dans l'état actuel de notre civilisation, il existe chez l'homme, entre son intellect et son cœur, un gouffre large et profond. Cet abîme se creuse chaque jour davantage; à mesure que l'intellect vole de découverte en découverte dans le domaine de la science, le cœur est relégué de plus en plus au second plan. L'intellect, pour être satisfait, exige impérieusement qu'on lui donne des explications rigoureusement démontrées au point de vue matériel sur l'homme et sur les créatures qui l'environnent et qui forment le monde phénoménal. Le cœur, au contraire, sent instinctivement qu'il existe quelque chose de plus élevé, et il aspire à des vérités plus hautes que celles qui peuvent être embrassées par l'intellect seul. L'Âme humaine voudrait enfin prendre son essor sur les ailes éthérées de l'intuition et parvenir aux sources éternelles de la lumière et de l'amour spirituels; mais les opinions scientifiques modernes lui ont coupé les ailes, et elle demeure ici-bas, enchaînée et silencieuse, tandis que ses aspirations non exaucées la rongent comme le vautour dévorait le foie de Prométhée.

C'est seulement quand cette union sera accomplie et rendue parfaite, que l'homme pourra atteindre la compréhension la plus élevée et la plus exacte de sa propre nature et du monde dont il fait partie. Cette union seule lui donnera un esprit large et un grand cœur.

Tout comme l'exercice est nécessaire au développement des muscles physiques, ainsi le développement de la nature morale s'accomplit par la tentation. Le choix étant donné à l'Ego, il peut l'exercer dans la direction qui lui plaît, car il apprendra tout autant, peut-être même davantage, par ses erreurs que par ses actions justes. Nous devons comprendre ce qui nous environne ici-bas avant d'aspirer à la connaissance supérieure. Il est absurde de se passionner pour les Mondes Supérieurs et les corps subtils, alors que nous ignorons à peu près tout des véhicules qui nous servent journellement, ainsi que du milieu dans lequel nous agissons. « Homme, connais-toi toi-même » est un sage précepte. L'unique sécurité consiste à gravir l'échelle échelon par échelon, à ne jamais tenter d'atteindre un degré supérieur avant de nous être « assurés », avant d'être bien en équilibre sur celui où nous sommes.

LE DÉVELOPPEMENT DE L'HOMME MÛR

EMPLACEMENT DES ATOMES-GERMES

La Corde d'Argent fait communiquer les différents corps au moyen des Atomes-Germes et de la corde.

Cependant, la Corde d'Argent est quelque chose de plus qu'un simple « lien » entre l'Ego et ses véhicules.

C'est également le canal qu'empruntent les forces spéciales qui émanent de l'Esprit Triple lui-même, sans lequel il ne pourrait se développer en aucune façon.

Pour résumer : nous avons une corde majeure dont deux parties (faites de substance-désir et des deux Éthers inférieurs) se développent durant la vie intra-utérine et une troisième partie (formée de substance mentale) qui se développe durant la jeunesse. Ensuite, un développement secondaire a lieu durant lequel les deux Éthers inférieurs mûrissent et les segments de l'Éther Lumière et de l'Éther Réflecteur s'accroissent durant l'adolescence et l'âge adulte.

ÂGE

28 ans : Commencement de la vie sérieuse.

35 ans : Fleur de l'âge, deuxième croissance.

42 ans : Changement de vie.

49 ans : Épanouissement de la mentalité.

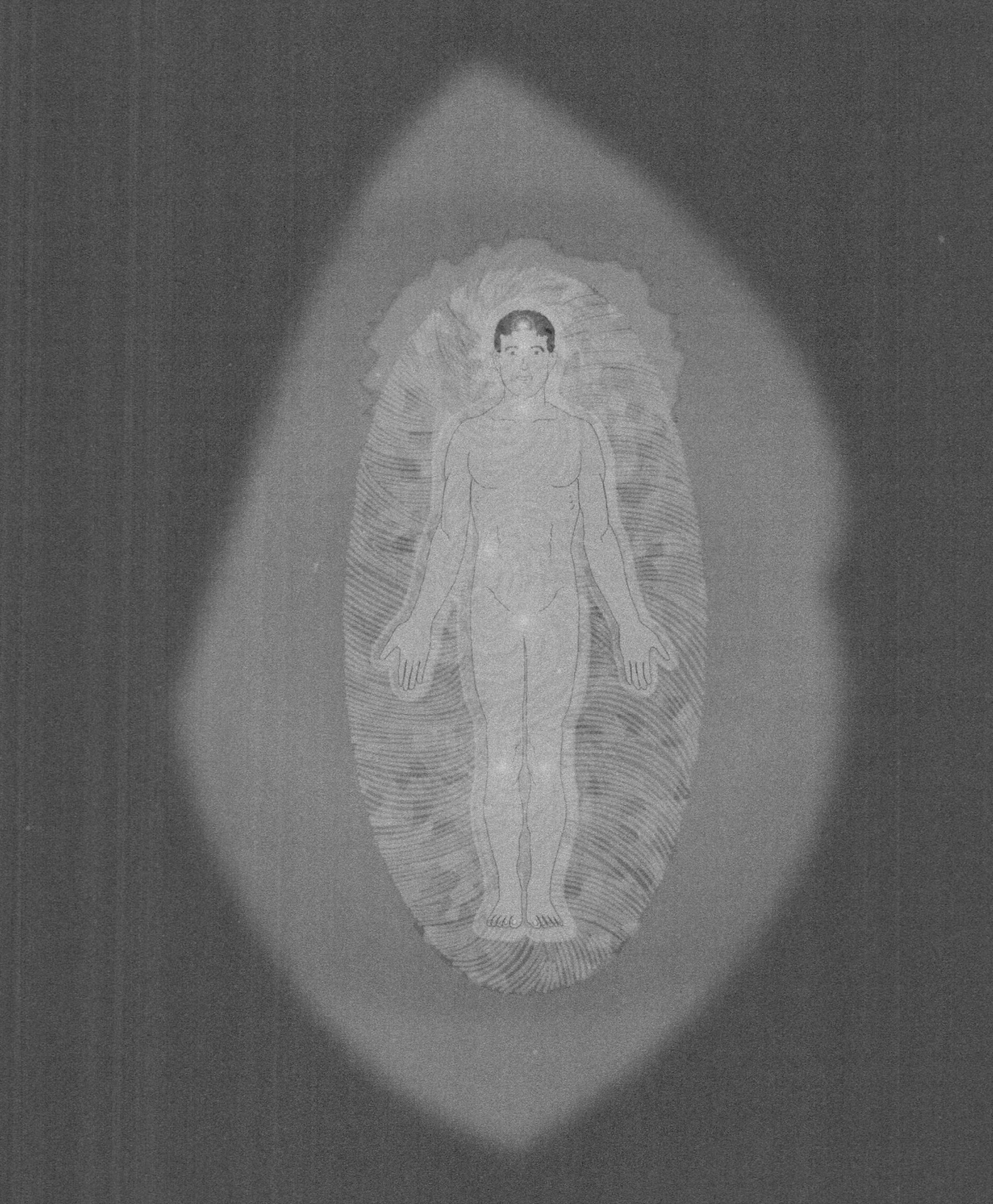

LES QUATRE RÈGNES

	ESPRIT-GROUPE DES MINÉRAUX	ESPRIT-GROUPE DES PLANTES	
ESPRIT DIVIN / **ESPRIT VITAL**	L'esprit-groupe des minéraux a son corps inférieur dans la Région de la Pensée Abstraite; il est pour cette raison séparé par trois degrés de son véhicule physique; aussi, les minéraux sont-ils dans un état d'inconscience profonde analogue à l'état de transe.	L'esprit-groupe du règne végétal a son véhicule le plus bas dans la Région de la Pensée Concrète. Ce véhicule est éloigné de deux degrés du corps dense; par suite, les plantes ont un état de conscience qui correspond au sommeil sans rêves. Les plantes sont guidées, de l'extérieur, par un esprit-groupe dont la domination s'étend sur un certain nombre de plantes du Monde Physique, distincts seulement en apparence.	
MONDE DE LÀ PENSÉE — PENSÉE ABSTRAITE / ESPRIT HUMAIN	L'Esprit-Groupe travaille à partir de ce monde.		
MONDE DE LÀ PENSÉE — INTELLECT / PENSÉE CONCRÈTE	Les minéraux n'ont pas de véhicule qui les mette en rapport avec ce monde.	L'Esprit-Groupe travaille à partir de ce monde. Les plantes n'ont pas de véhicule qui les mette en rapport avec ce monde.	
MONDE DU DÉSIR — RÉGION INFÉRIEURE / RÉGION DES SENTIMENTS / RÉGION SUPÉRIEURE	Les minéraux sont pénétrés par le Monde du Désir, c'est-à-dire par le Corps du Désir Planétaire, mais ils ne possèdent pas de véhicule distinct fait de substance de ce monde. Faute de ce véhicule, les minéraux ne peuvent avoir ni sentiments, ni désirs, ni émotions, c'est-à-dire aucune des facultés correspondant à ce monde. Partout où nous trouvons vitalité et mouvement, mais pas de sang rouge, il n'y a pas de véhicule du désir distinct. L'être est simplement dans une période de transition, de la plante à l'animal, et par suite est entièrement sous le contrôle de l'esprit-groupe.	Les plantes sont pénétrées par le Monde du Désir, c'est-à-dire par le corps du Désir Planétaire, mais elles ne possèdent pas de véhicule distinct fait de substance de ce monde. Faute de ce véhicule, les plantes ne peuvent avoir ni sentiments, ni désirs, ni émotions, c'est-à-dire aucune des facultés correspondant à ce monde. Quand l'organisme a évolué jusqu'au point où l'esprit distinct peut commencer à pénétrer dans ses véhicules, celui-ci dirige alors les courants vers l'extérieur; c'est le début de la période d'existence caractérisée par les passions et la chaleur du sang.	
Monde Physique — RÉGION ÉTHÉRIQUE / RÉGION CHIMIQUE	Les minéraux ne possèdent pas de corps vital distinct; ils ne peuvent croître, se reproduire et manifester une vie consciente. C'est l'Éther planétaire seul qui enveloppe l'atome des minéraux. L'Éther Chimique, le plus dense des 4, est le seul qui soit actif dans les minéraux.	Les végétaux ont un corps vital distinct, et de plus, sont pénétrés par l'Éther planétaire qui forme cette Région. Seuls les Éthers chimique et vital sont en pleine activité, aussi les plantes peuvent croître et reproduire son espèce (Éther vital). Les facultés de perception sensorielles et de mémoire ne peuvent être exprimées, l'Éther Lumière est présent mais latent ou inactif, Éther Réflecteur est absent. Les plantes sont privées du principe d'impulsion et d'énergie du Corps du Désir; aussi ne peuvent-elles manifester la vie et se mouvoir comme le font les organismes plus développés.	

			ESPRIT-GROUPE DES ANIMAUX		**EGO HUMAIN**

ESPRIT VITAL · **ESPRIT DIVIN**			Chaque espèce animale est l'émanation d'un esprit-groupe qui en gouverne les individus de l'extérieur, par suggestion ; il fonctionne dans le monde du désir ; et comme il n'y a pas de distance dans ce monde, l'esprit-groupe peut influencer ses membres, où qu'ils soient placés. L'esprit de l'animal n'a encore atteint dans son évolution que le Monde du Désir. Il n'a pas évolué au point où il peut « pénétrer » dans un corps dense. Par suite, les animaux n'ont pas d'esprit individuel intérieur, mais un esprit-groupe qui les dirige du dehors. Ils possèdent les 3 corps, dense, vital et du désir, mais il leur manque un anneau de la chaîne : l'intellect. L'esprit-groupe qui les dirige se trouve à l'extérieur. L'esprit n'habite pas encore entièrement ses véhicules ; cela lui est impossible, tant que certains points du corps vital et du corps dense ne sont pas en correspondance, particulièrement la partie correspondant à la tête.		L'esprit humain, l'Ego, pénètre à l'intérieur d'un corps physique ; il y a dans chaque homme un esprit individuel qui habite dans son instrument et le guide de l'intérieur. L'homme et l'animal sont deux degrés d'évolution totalement différents, et il est aussi impossible pour l'homme de s'incarner dans un corps animal que pour un esprit-groupe de prendre la forme humaine. Chez toutes les créatures à sang chaud, qui sont les plus avancées dans leur évolution, qui éprouvent des sentiments, des passions et des émotions, qui s'efforcent de satisfaire leurs désirs dans le monde extérieur, qui ne font pas que végéter, mais qui vivent réellement, chez toutes ces créatures, les courants du corps du désir vont du foie vers l'extérieur. La matière désir jaillit constamment en torrents qui se dirigent en lignes courbes jusqu'à chaque point de la périphérie de l'ovoïde et retournent ensuite au foie, d'une manière tout à fait analogue à celle dont l'eau bouillante s'éloigne continuellement de la source de chaleur et s'en rapproche après avoir complété son cycle. L'homme est un esprit individuel, un Ego distinct de toutes les autres entités, qui pénètre une série de véhicules pour les diriger de l'intérieur. Pour pouvoir servir à l'expression d'un Ego individuel, il est nécessaire qu'un corps possède trois choses : 1- la station verticale, 2- un larynx vertical, qui lui permette de parler, 3- et, à cause des courants solaires, il doit avoir le sang chaud.
MONDE DE LA PENSÉE · PENÉE ABSTRAITE · ESPRIT HUMAIN					
	INTELLECT				
MONDE DE LA PENSÉE · PENSÉE CONCRÈTE			Les animaux n'ont pas de véhicule qui les mette en rapport avec le monde de la pensée concrète, ils ne sont pas individualisés. Cependant il y a des animaux qui pensent « par induction » parce qu'ils sont très proches de l'homme.		L'homme possède un véhicule mental distinct. Il est un individu tandis que les animaux, les plantes et le minéraux sont divisés en espèces.
MONDE DU DÉSIR · RÉGION INFÉRIEURE			L'Esprit-Groupe travaille à partir de ce monde.	C'est le sang rouge et chaud, circulant dans le foie d'un organisme suffisamment évolué pour être la demeure d'un esprit intérieur, dirigeant par son dynamisme les courants de la substance-désir vers l'extérieur, qui permet à l'animal et à l'homme de manifester les désirs et les passions. Pour cette raison, l'animal ne « vit » pas aussi complètement que l'homme ; il est incapable d'éprouver des désirs et des émotions aussi élevés, parce qu'il n'est pas conscient au même degré que lui.	Le Monde du désir planétaire palpite dans le corps dense et vital des hommes, ils ont un corps du désir distinct, qui leur permet d'éprouver des désirs, des émotions et des passions. À la différence des animaux, il entre un peu de matière des Régions élevées dans la composition du corps du désir. À mesure que l'homme fait des progrès dans l'école de la vie, il s'instruit par ses expériences ; ses désirs deviennent alors plus purs. La substance de son corps du désir subit peu à peu un changement correspondant. La plus pure et plus lumineuse des Régions supérieures remplace les couleurs sombres de celles des subdivisions inférieures. De plus, les dimensions du corps du désir augmentent.
	RÉGION DES SENTIMENTS		Le Monde du désir planétaire palpite dans le corps dense et vital des animaux, ils ont un corps du désir distinct, qui leur permet d'éprouver des désirs, des émotions et des passions. Cependant, le véhicule du désir de l'animal est entièrement construit de la substance des Régions les plus denses de ce monde. Les sentiments des animaux sont presque entièrement bornés à la satisfaction des désirs et des passions les plus vils, qui trouvent leur expression dans la substance des régions inférieures du Monde du Désir.		
MONDE DU DÉSIR · RÉGION SUPÉRIEURE					
Monde Physique · RÉGION ÉTHÉRIQUE			Les animaux ont un corps vital distinct. Les Éthers chimique, vital et lumière sont dynamiquement actifs. Les animaux possèdent les facultés d'assimilation et de croissance (Éther Chimique), de reproduction (Éther vital), de produire la chaleur interne et la perception sensorielles (Éther Lumière). L'Éther Réflecteur est inactif, aussi les animaux n'ont ni pensée, ni mémoire.		L'homme possède un corps vital distinct. Les 4 Éthers sont dynamiquement actifs dans son corps vital supérieurement organisé. Grâce à l'Éther Chimique, il peut assimiler sa nourriture et croître. Les forces actives dans l'Éther Vie le rendent capable de reproduire son espèce ; celles de l'Éther Lumière maintiennent la chaleur du corps dense et agissent sur le système nerveux et sur les muscles, ouvrant ainsi les portes de communication avec le monde extérieur au moyen des sens. Éther Réflecteur permet à l'esprit de contrôler son véhicule par la pensée ; il emmagasine, de plus, les expériences passées, constituant ainsi la mémoire.
	RÉGION CHIMIQUE				

LES QUATRE RÈGNES

Les trois Mondes de notre planète sont actuellement le champ d'évolution d'un certain nombre de règnes différents parvenus à divers degrés de développement. Ces quatre règnes sont en relation avec les trois Mondes de diverses manières, selon le progrès atteint à l'école de l'expérience par ces groupes de vie en évolution.

Que nous considérions la montagne ou le nuage qui enveloppe son sommet, la sève de la plante ou le sang de l'animal, la toile de l'araignée, l'aile du papillon ou le squelette de l'éléphant, l'air que nous respirons ou l'eau qui nous désaltère, toutes ces choses sont composées en dernière analyse de la même matière chimique.

Qui donc alors détermine le modelage de cette substance fondamentale et crée ainsi la variété multiple de formes que nous observons autour de nous ?

C'est l'Esprit Unique, Universel se manifestant Lui-même dans le monde visible, sous les aspects de quatre grands torrents de Vie à des degrés divers de développement. Cette quadruple impulsion spirituelle moule la matière chimique de la Terre en formes variées qui constituent les quatre Règnes : minéral, végétal, animal et humain. Quand une forme n'est plus utilisable, comme moyen d'expression des trois courants de vie supérieur, les forces chimiques la désintègrent, afin que la matière puisse retourner à son état primordial et servir à la construction de nouvelles formes. La vie ou l'esprit qui façonne la forme à sa propre image est, par conséquent, distinct de la matière qu'il emploie, de même qu'un charpentier est distinct de la maison qu'il construit pour son propre usage.

La raison d'être de ces divers degrés d'infériorité réside en ce fait que le Règne minéral est l'expression de la vague de vie en évolution la plus récente. Celle qui anime le Règne végétal est depuis plus longtemps sur la route du progrès ; celle du Règne animal a un passé encore plus reculé ; tandis que l'Homme, c'est-à-dire la vie qui trouve maintenant son expression dans la forme humaine, a parcouru le plus long chemin et se trouve pour cette raison en tête. En temps voulu, les trois vagues de vie qui animent maintenant les trois règnes inférieurs arriveront à la condition humaine, tandis que nous aurons atteint un degré supérieur de développement.

L'esprit de l'animal n'a encore atteint dans son évolution que le Monde du Désir. Il n'a pas évolué au point où il peut « pénétrer » dans un corps dense. Par suite, les animaux n'ont pas d'esprit individuel intérieur, mais un esprit-groupe qui les dirige du dehors.

Les animaux se meuvent suivant les impulsions de l'esprit-groupe. Nous parlons « d'instinct animal », « d'instinct aveugle », et cependant il n'y a rien d'aveugle dans la manière dont l'esprit-groupe guide ses membres, il n'y a là que de la SAGESSE. Le clairvoyant expérimenté, quand il est actif dans le Monde du Désir, peut entrer en relations avec ces esprits-groupes et il les trouve beaucoup plus intelligents qu'une grande partie des hommes. Il peut voir la prévoyance merveilleuse dont ils font preuve en dirigeant les animaux qui sont leurs corps denses.

Le lecteur se demandera naturellement pourquoi, lorsque l'esprit-groupe animal est si ingénieux, eu égard à la brièveté de la période d'évolution des animaux comparée à celle de l'homme, ce dernier ne manifeste pas sa sagesse à un degré beaucoup plus élevé : pourquoi il lui faut apprendre à construire des barrages et à se servir de la géométrie, alors que l'esprit-groupe accomplit toutes ces choses sans qu'on les lui ait enseignées.

Tout cela s'explique par la descente de l'Esprit Universel dans une matière de densité toujours croissante.

Dans les Mondes Supérieurs où ses véhicules sont moins nombreux et plus subtils, l'esprit est en relations plus étroites avec la sagesse cosmique qui irradie ces Mondes d'une façon inconcevable pour le Monde Physique ; mais à mesure qu'il descend, la lumière de la sagesse s'obscurcit de plus en plus, jusqu'à ce que, dans le plus dense des Mondes, elle soit, temporairement, mais presque complètement, cachée.

RELATIONS ENTRE LA RÉGION PHYSIQUE DU MONDE PHYSIQUE ET LES QUATRE RÈGNES

MINÉRAUX

En ce qui concerne la forme, les corps de tous les règnes sont composés des mêmes substances, les solides, les liquides et les gaz de la Région Chimique. Le corps dense de l'homme est, en réalité, un composé chimique, au même titre que les pierres, quoique celles-ci ne soit «animées» que de la vie minérale. Mais, au point de vue purement physique et écartant toute autre considération, il faut faire plusieurs distinctions importantes en comparant le corps de l'homme aux minéraux. L'homme se déplace, croit et reproduit son espèce, ce que les minéraux sont incapables de faire.

VÉGÉTAUX

Si nous rapprochons l'homme des formes du règne végétal, nous trouvons que la plante et l'homme ont un corps dense qui peut croître et se reproduire. Mais l'homme a des facultés que la plante ne possède pas. Il peut sentir, se déplacer et percevoir des objets qui lui sont extérieurs.

ANIMAUX

En étudiant l'homme par rapport aux animaux, nous voyons qu'ils ont en commun des facultés de sentiment, de mouvement, de croissance, de reproduction et de perception sensorielle. L'homme possède en plus la parole, un cerveau supérieurement organisé, et aussi des mains, ce qui est un très grand avantage physique.

HOMMES

Remarquons le développement du pouce, qui donne à la main humaine une valeur bien supérieure même à celle des anthropoïdes. L'homme a, de plus, un langage défini qui lui sert à exprimer ses sentiments et ses pensées ; tous ces avantages placent le corps dense de l'homme dans une classe à part, au-dessus des trois règnes inférieurs.

RELATIONS ENTRE LA RÉGION ÉTHÉRIQUE DU MONDE PHYSIQUE ET LES QUATRE RÈGNES

MINÉRAUX

Les minéraux ne possèdent pas de corps vital distinct ; ils ne peuvent croître, se reproduire et manifester une vie consciente. C'est l'Éther Planétaire seul qui enveloppe l'atome des minéraux. L'Éther Chimique, le plus dense des 4, est le seul qui soit actif dans les minéraux.

VÉGÉTAUX

Les végétaux ont un corps vital distinct, et de plus, sont pénétrés par l'Éther planétaire qui forme cette Région. Seuls les Éthers chimique et vital sont en pleine activité, aussi les plantes peuvent croître et reproduire son espèce (Éther vital). Les facultés de perception sensorielles et de mémoire ne peuvent être exprimées, l'Éther Lumière est présent mais latent ou inactif, Éther Réflecteur est absent.

ANIMAUX

Les animaux ont un corps vital distinct. Les Éthers chimique, vital et lumière sont dynamiquement actifs. Les animaux possèdent les facultés d'assimilation et de croissance (Éther Chimique), de reproduction (Éther Vital), de produire la chaleur interne et la perception sensorielles (Éther Lumière). Éther Réflecteur est inactif, aussi les animaux n'ont ni pensée, ni mémoire.

HOMMES

L'homme possède un corps vital distinct. Les 4 Éthers sont dynamiquement actifs dans son corps vital supérieurement organise. Grâce à l'Éther Chimique, il peut assimiler sa nourriture et croître. Les forces actives dans l'Éther Vie le rendent capable de reproduire son espèce ; celles de l'Éther Lumière maintiennent la chaleur du corps dense et agissent sur le système nerveux et sur les muscles, ouvrant ainsi les portes de communication avec le monde extérieur au moyen des sens.

Éther Réflecteur permet à l'esprit de contrôler son véhicule par la pensée ; il emmagasine, de plus, les expériences passées, constituant ainsi la mémoire.

RELATIONS ENTRE LE MONDE DU DÉSIR ET LES QUATRE RÈGNES

MINÉRAUX

Les minéraux sont pénétrés par le Monde du Désir, c'est-à-dire par le Corps du Désir Planétaire, mais ils ne possèdent pas de véhicule distinct fait de substance de ce monde. Faute de ce véhicule, les minéraux ne peuvent avoir ni sentiments, ni désirs, ni émotions, c'est-à-dire aucune des facultés correspondant à ce monde.

VÉGÉTAUX

Les plantes sont pénétrées par le Monde du Désir, c'est-à-dire par le corps du Désir Planétaire, mais elles ne possèdent pas de véhicule distinct fait de substance de ce monde. Faute de ce véhicule, les plantes ne peuvent avoir ni sentiments, ni désirs, ni émotions, c'est-à-dire aucune des facultés correspondant à ce monde.

ANIMAUX

Le Monde du désir planétaire palpite dans le corps dense et vital des animaux, ils ont un corps du désir distinct, qui leur permet d'éprouver des désirs, des émotions et des passions. Cependant, le véhicule du désir de l'animal est entièrement construit de la substance des Régions les plus denses de ce monde. Les sentiments des animaux sont presque entièrement bornés à la satisfaction des désirs et des passions les plus vils, qui trouvent leur expression dans la substance des régions inférieures du Monde du Désir.

HOMMES

Le Monde du désir planétaire palpite dans le corps dense et vital des hommes, ils ont un corps du désir distinct, qui leur permet d'éprouver des désirs, des émotions et des passions. À la différence des animaux, il entre un peu de matière des Régions élevées dans la composition du corps du désir. À mesure que l'homme fait des progrès dans l'école de la vie, il s'instruit par ses expériences ; ses désirs deviennent alors plus purs. La substance de son corps du désir subit peu à peu un changement correspondant. La plus pure et plus lumineuse des Régions supérieures remplace les couleurs sombres de celles des subdivisions inférieures. De plus, les dimensions du corps du désir augmentent.

RELATIONS ENTRE LE MONDE DE LA PENSÉE ET LES QUATRE RÈGNES

MINÉRAUX

Les minéraux n'ont pas de véhicule qui les mette en rapport avec ce monde.

VÉGÉTAUX

Les plantes n'ont pas de véhicule qui les mette en rapport avec ce monde.

ANIMAUX

Les animaux n'ont pas de véhicule qui les mette en rapport avec ce monde, ils ne sont pas individualises. Cependant il y a des animaux qui pensent « par induction » parce qu'ils sont très proches de l'homme.

HOMMES

L'homme possède un véhicule mental distinct. Il est un individu tandis que les animaux, les plantes et le minéraux sont divises en espèces.

RELATIONS ENTRE L'ESPRIT ET LES QUATRE RÈGNES

MINÉRAUX

L'esprit-groupe des minéraux a son corps inférieur dans la Région de la Pensée Abstraite ; il est pour cette raison séparé par trois degrés de son véhicule physique ; aussi, les minéraux sont-ils dans un état d'inconscience profonde analogue à l'état de transe.

VÉGÉTAUX

L'esprit-groupe du règne végétal a son véhicule le plus bas dans la Région de la Pensée Concrète. Ce véhicule est éloigné de deux degrés du corps dense ; par suite, les plantes ont un état de conscience qui correspond au sommeil sans rêves.

ANIMAUX

L'esprit de l'animal n'a encore atteint dans son évolution que le Monde du Désir. Il n'a pas évolué au point où il peut « pénétrer » dans un corps dense. Par suite, les animaux n'ont pas d'esprit individuel intérieur, mais un esprit-groupe qui les dirige du dehors. L'esprit-groupe, qui appartient à une évolution différente, domine les actions des animaux, en harmonie avec les lois cosmiques, jusqu'à ce que les esprits vierges dont il a charge aient pris conscience d'eux-mêmes et soient individualisés à l'état humain.

Les animaux possèdent les trois corps, dense, vital et du désir, mais l'esprit-groupe qui les contrôle se trouve à l'extérieur. Le corps éthérique et le corps du désir des animaux ne coïncident pas encore complètement avec le corps dense particulièrement la partie correspondant à la tête.

HOMMES

L'Ego, le Penseur est descendu dans la Région Chimique du Monde Physique. Là, il a coordonné tous ses véhicules et atteint la conscience à l'état de veille. Il apprend maintenant à contrôler ses corps. Les organes du corps du désir, pas plus que ceux de l'intellect, ne sont encore développés. L'intellect n'est même pas encore un corps. C'est simplement un trait d'union, une gaine ou enveloppe qui permet à l'Ego de concentrer ses énergies. C'est le dernier des véhicules qui nous ait été donné. L'esprit, en travaillant, passe graduellement des substances plus subtiles aux plus denses ; ses véhicules sont également construits de substance subtile d'abord, puis de matières de plus en plus denses. Le corps dense a été construit le 1er et a maintenant atteint son 4ème degré de densité ; le corps vital, son 3ème, et le corps du désir son 2ème degré de densité ; aussi n'est-il qu'à l'état de nuage. Quant à la gaine de l'intellect, elle est plus ténue encore. Comme ces corps n'ont pas développé d'organes, il est évident que, employés seuls, ils seraient inutilisables comme véhicules de conscience. L'Ego, toutefois, pénètre dans le corps dense, établit une connexion entre ces corps sans organes et les centres de sensations physiques d'où résulte sa conscience à l'état de veille dans le Monde matériel.

L'HOMME

LA CONSTITUTION DÉCUPLE DE L'HOMME

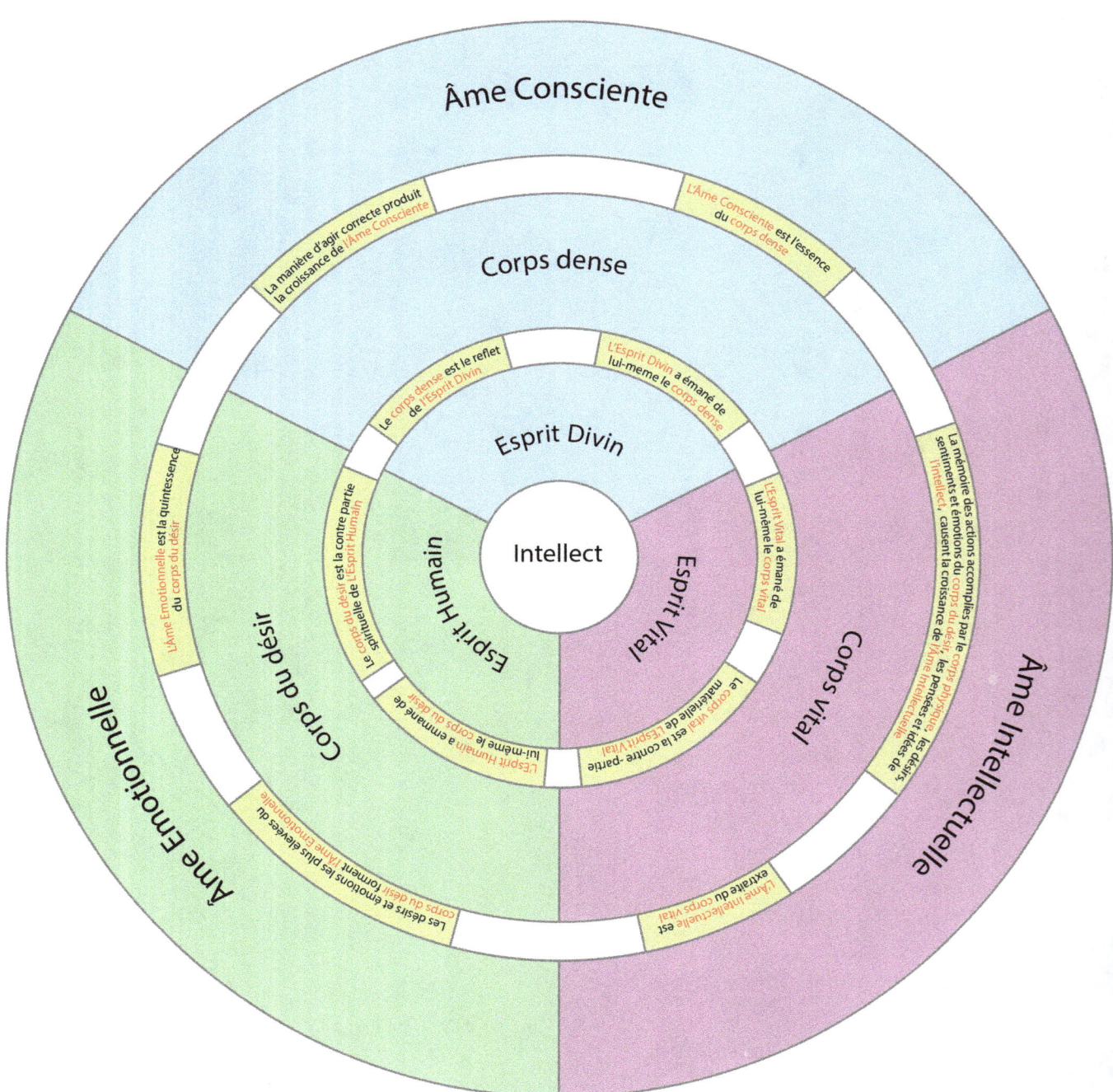

Âme Consciente

La manière d'agir correcte produit la croissance de l'Âme Consciente

L'Âme Consciente est l'essence du corps dense

Corps dense

Le corps dense est le reflet de l'Esprit Divin

L'Esprit Divin a émané de lui-même le corps dense

Esprit Divin

Intellect

La mémoire des actions accomplies par le corps physique, les désirs, sentiments et émotions du corps du désir, les pensées et idées de l'Intellect, causent la croissance de l'Âme Intellectuelle

L'Esprit Vital a émané de lui-même le corps vital

Esprit Vital

Le corps vital est la contre-partie matérielle de l'Esprit Vital

Corps vital

L'Âme Intellectuelle est extraite du corps vital

Âme Intellectuelle

L'Âme Emotionnelle est la quintessence du corps du désir

Le corps du désir est la contre partie spirituelle de l'Esprit Humain

Esprit Humain

L'Esprit Humain a émané de lui-même le corps du désir

Corps du désir

Les désirs et émotions les plus élevées du corps du désir forment l'Âme Emotionnelle

Âme Emotionnelle

De même qu'une nourriture appropriée nourrit matériellement le corps, l'activité de l'esprit dans le corps dense, qui se traduit par une manière d'agir correcte, produit la croissance de l'Âme Consciente. De même que l'énergie solaire passe dans le corps vital et le nourrit pour qu'il puisse agir sur le corps dense, la mémoire des actions accomplies par le corps physique, les désirs, les sentiments et les émotions du corps du désir, les pensées et les idées de l'intellect, cause la croissance de l'Âme Intellectuelle. De la même manière, les désirs et les émotions les plus élevés du corps du désir servent à former l'Âme Émotionnelle.

Cette âme triple, à son tour, exalte la conscience de l'esprit triple :

1. L'Âme Émotionnelle, quintessence du corps du désir ajoute à l'efficacité de l'Esprit Humain qui est la contrepartie spirituelle du corps du désir.
2. L'Âme Intellectuelle ajoute au pouvoir de l'Esprit de Vie, parce qu'elle est extraite du corps vital qui est la contrepartie matérielle de l'Esprit de Vie.
3. L'Âme Consciente augmente la conscience de l'Esprit Divin, parce qu'elle est l'essence du corps dense qui, lui, est le reflet de l'Esprit Divin.

L'ÂME TRIPLE ET LA CONSTITUTION DÉCUPLE DE L'HOMME

L'homme est un esprit triple, possédant un intellect au moyen duquel il gouverne un corps triple. Afin d'acquérir de l'expérience, il a émané de lui-même ce corps, qu'il transmue en âme triple pour s'élever de l'impuissance à la toute puissance.

Pendant la vie, l'esprit triple, l'Ego travaille dans et sur le véhicule triple, auquel le relie le lien de l'Intellect. Le résultat de ce travail amène la formation de l'âme triple qui est le produit spiritualisé des véhicules.

La partie supérieure de notre corps du désir constitue l'Âme Émotionnelle.

Les troisième et quatrième Éthers, qui sont le milieu de perception sensorielle et de mémoire, sont la partie du corps vital que l'aspirant conserve d'une vie à l'autre et qu'il immortalise en tant qu'Âme Intellectuelle.

LE CORPS DE L'AME

Le Corps de l'Âme est une entité distincte. Ce n'est pas un extrait comme l'âme. C'est un des véhicules de l'Esprit ou un de ces corps. Il est composé des deux Éthers supérieurs du corps vital, l'Éther Lumière et l'Éther Réflecteur.

Le Corps de l'Âme est construit par une vie d'amour et de service envers l'humanité. Une telle vie non seulement attire et incorpore une grande proportion des deux Éthers supérieurs, mais avec le temps, elle occasionne aussi un clivage qui se produit entre ceux-ci et les deux Éthers inférieurs.

Lorsque ce clivage est achevé, le Corps de l'Âme est séparé et distinct des Éthers inférieurs et peut servir de véhicule ou corps distinct pour les envolées de l'âme. C'est le « sôma psuchikon » dont il est parlé dans la version grecque du Nouveau Testament. Il constitue l'or et le bleu de notre aura, et on peut le voir au moyen de la vision éthérique. Il distingue le saint de l'homme ordinaire.

Le Christ, l'Esprit Planétaire intérieur de la Terre nous aide à le construire grâce à Ses émanations éthériques qui passent du centre de la Terre vers l'extérieur à travers notre corps vital.

L'Ego conserve le Corps de l'Âme pendant son existence au Purgatoire et au Premier Ciel ; c'est-à-dire qu'il se fond avec le corps du désir et l'intellect, et les accompagne à travers ces deux régions.

LES EXERCICES À RÉALISER

Il n'est pas nécessaire pour un débutant de vivre dans l'ascétisme ; la continence absolue n'est actuellement nécessaire qu'à une minorité. Pour le présent, l'union des sexes est la méthode de procréation. Il n'est pas d'autre moyen de procurer des corps aux Egos qui renaissent, et c'est le devoir de tout être sain d'esprit, de cœur et de corps, de fournir un véhicule et une possibilité d'existence à autant d'esprits en voie de renaissance que ses moyens et les circonstances le lui permettent.

Nous devrions considérer l'acte de procréation comme un sacrement, non pour la gratification des sens, mais dans un esprit de prière. Employée de cette façon, pour la génération, la force sexuelle n'est nécessaire que quelques fois dans la vie de toute personne ; le reste peut légitimement être utilisé à l'amélioration de soi-même.

Le DISCERNEMENT est la faculté grâce à laquelle nous distinguons ce qui est important, essentiel, de ce qui ne l'est pas, séparant le réel de l'illusoire, et le permanent du temporaire. Dans la vie ordinaire, nous sommes habitués à considérer le corps comme notre « moi ». Le discernement nous apprend que nous sommes des Esprits et que nos corps ne sont que des demeures provisoires, des instruments pour notre usage. Le charpentier emploie le marteau et la scie ; ce sont des outils importants, mais il ne se considère pas lui-même comme étant l'un ou l'autre. Nous ne devons pas nous identifier avec nos corps, mais apprendre à discerner, à considérer notre corps comme un serviteur, précieux certes, mais seulement dans la mesure où il obéit à nos ordres. En le considérant ainsi, nous nous apercevons que nous pouvons réellement lui faire accomplir beaucoup de choses considérées jusqu'ici comme impossibles. Le discernement fait naître l'âme intellectuelle, et donne à l'homme son premier élan vers la vie supérieure.

L'OBSERVATION est l'emploi de nos sens comme moyens d'obtenir des informations sur les phénomènes qui nous entourent. L'observation et l'action produisent l'âme consciente.

Il est de la plus grande importance pour notre développement que nous observions avec précision les vues et scènes autour de nous, sinon les images de notre mémoire consciente ne correspondront pas avec les enregistrements automatiques du subconscient. Le rythme et l'harmonie du corps dense sont troublés en proportion de l'inexactitude de nos observations pendant la journée. Nos activités pendant le sommeil rétablissent partiellement l'harmonie. Mais les vibrations discordantes renouvelées de jour en jour et d'année en année, sont un des causes qui graduellement durcissent et détruisent notre organisme ; celui-ci finit par devenir impropre à l'usage de l'esprit, lequel doit l'abandonner pour avoir une autre occasion de développement dans un corps nouveau et meilleur. Dans la proportion même où nous apprendrons à observer avec précision, nous gagnerons santé et longévité, et nous aurons besoin de moins de repos et de sommeil. Ceci est un fait important, comme nous le verrons plus loin.

La CONSÉCRATION à un idéal élevé met un frein aux instincts vils et bas. C'est ainsi que se forme l'âme émotionnelle et qu'elle se développe. Cultiver cette faculté est essentiel. Chez certains, c'est la ligne de moindre résistance, et ceux-là tendent à devenir des rêveurs mystiques ; les énergies du corps du désir s'expriment alors en enthousiasme et extase religieuse. Il est par contre des gens qui développent anormalement la faculté de discernement, ce qui les mène aux spéculations métaphysiques froides et intellectuelles. Dans l'un et l'autre cas, il y a manque d'équilibre et danger. Le rêveur mystique, parce que dominé par l'émotion, peut devenir sujet à toutes sortes d'illusions. Cela, l'occultiste intellectuel ne le sera jamais, mais il peut aboutir à la magie noire s'il poursuit le chemin de la connaissance pour cette seule connaissance et non pour servir ses semblables. La seule voie sûre est de développer à la fois la tête et le cœur.

L'Occultiste se développe dans une direction intellectuelle ; il cherche la vérité par l'observation et le discernement ; il observe, et raisonne sur ce qu'il voit. Il atteint ainsi la connaissance ; mais comme le dit Paul, « la connaissance enfle, mais l'amour édifie » (I Corinthiens 8:1) ; et avant que la science puisse lui être utile dans son développement spirituel, l'occultiste doit apprendre à la sentir, sinon il ne saurait la vivre.

Lorsqu'il a réussi à le faire, il est à la fois mystique et occultiste.

L'HOMME ET LA STRUCTURE DE LA TERRE

LA STRUCTURE DE LA TERRE

La plupart d'entre nous se déplacent sur la Terre et ne voient dans notre planète qu'une masse semblant inanimée, mais l'un des premiers faits révélés à notre conscience, par l'Initiation, est la réalité vivante de l'Esprit de la Terre. De même que la surface de notre corps est morte comparée aux organes intérieurs, ainsi l'enveloppe extérieure de la Terre, qui est une concrétion, ne donne aucune idée de l'activité merveilleuse déployée à l'intérieur de la planète. Sur le sentier de l'Initiation, neuf couches différentes sont révélées et, au centre de cette sphère mouvante, nous rencontrons l'Esprit de la Terre face à face.

En vérité, il « gémit et souffre les douleurs de l'enfantement » dans la Terre pour le bien de tous, œuvrant et attendant impatiemment le jour où nous nous manifesterons comme Fils de Dieu afin que, comme l'âme qui cherche et aspire à la libération est délivrée de son corps dense, l'Esprit de la Terre puisse être libéré de son corps de mort où il est actuellement confiné pour nous.

Connaître les différentes couches de la Terre et la position respective des planètes dans le ciel, sans avoir également connaissance de leur rôle et de leur signification dans la vie et dans le plan du Cosmos est aussi inutile que de connaître simplement la position des os, des nerfs, etc., sans connaître leur emploi dans l'économie fonctionnelle du corps.

À la vue clairvoyante bien développée des Initiés aux divers degrés des Mystères, la Terre paraît être formée de différentes couches superposées assez analogues à celles d'un oignon. Il y a neuf de ces couches et le noyau central ; en tout dix divisions. Ces couches ne sont révélées que graduellement aux Initiés. Une nouvelle couche leur devient accessible après chaque Initiation, de telle sorte qu'à la fin des neuf Initiations mineures, ils ont accès à chaque division mais pas encore aux secrets du noyau central.

Ces neuf degrés sont ce qu'on appelait anciennement les « Mystères mineurs ». Ils font passer consciemment le néophyte par tout ce qui a rapport à son évolution antérieure, à commencer par l'activité de l'existence involontaire, pour lui permettre de comprendre le mode d'opération et la signification du travail qu'il accomplissait alors inconsciemment. On lui montre comment les neuf principes de la constitution actuelle (corps triple, âme triple, esprit triple) furent développés et comment les grandes Hiérarchies Créatrices travaillèrent sur l'esprit vierge, éveillant en lui l'Ego, aidant celui-ci à former le corps. On lui montre aussi quel travail il accomplit lui-même pour extraire du corps triple tout ce qu'il possède maintenant de l'âme triple. On le fait passer successivement par les neuf degrés des Mystères mineurs, les neuf couches.

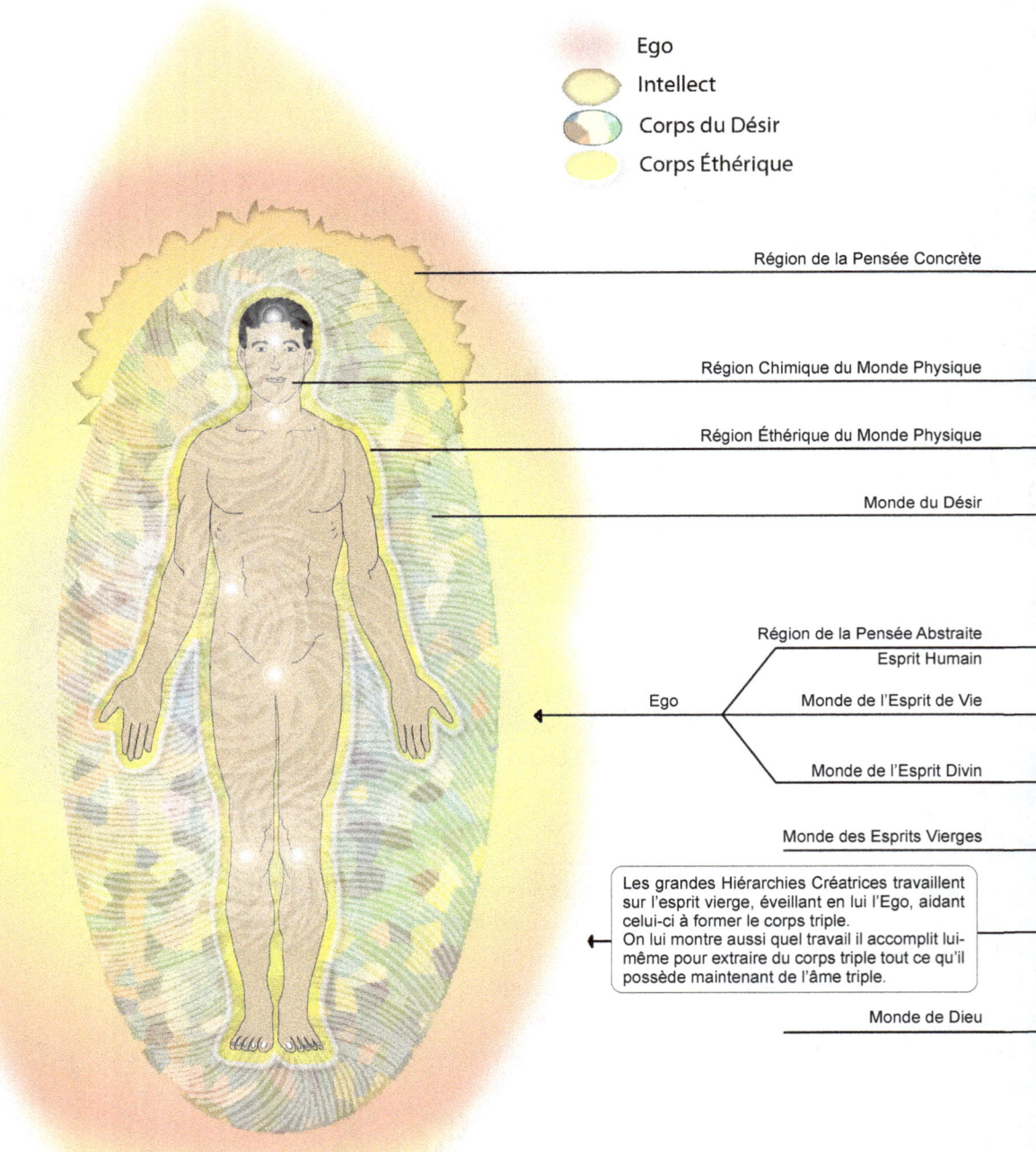

Ego
Intellect
Corps du Désir
Corps Éthérique

Région de la Pensée Concrète

Région Chimique du Monde Physique

Région Éthérique du Monde Physique

Monde du Désir

Région de la Pensée Abstraite
Esprit Humain
Ego
Monde de l'Esprit de Vie

Monde de l'Esprit Divin

Monde des Esprits Vierges

Les grandes Hiérarchies Créatrices travaillent sur l'esprit vierge, éveillant en lui l'Ego, aidant celui-ci à former le corps triple.
On lui montre aussi quel travail il accomplit lui-même pour extraire du corps triple tout ce qu'il possède maintenant de l'âme triple.

Monde de Dieu

Constitution de la Terre

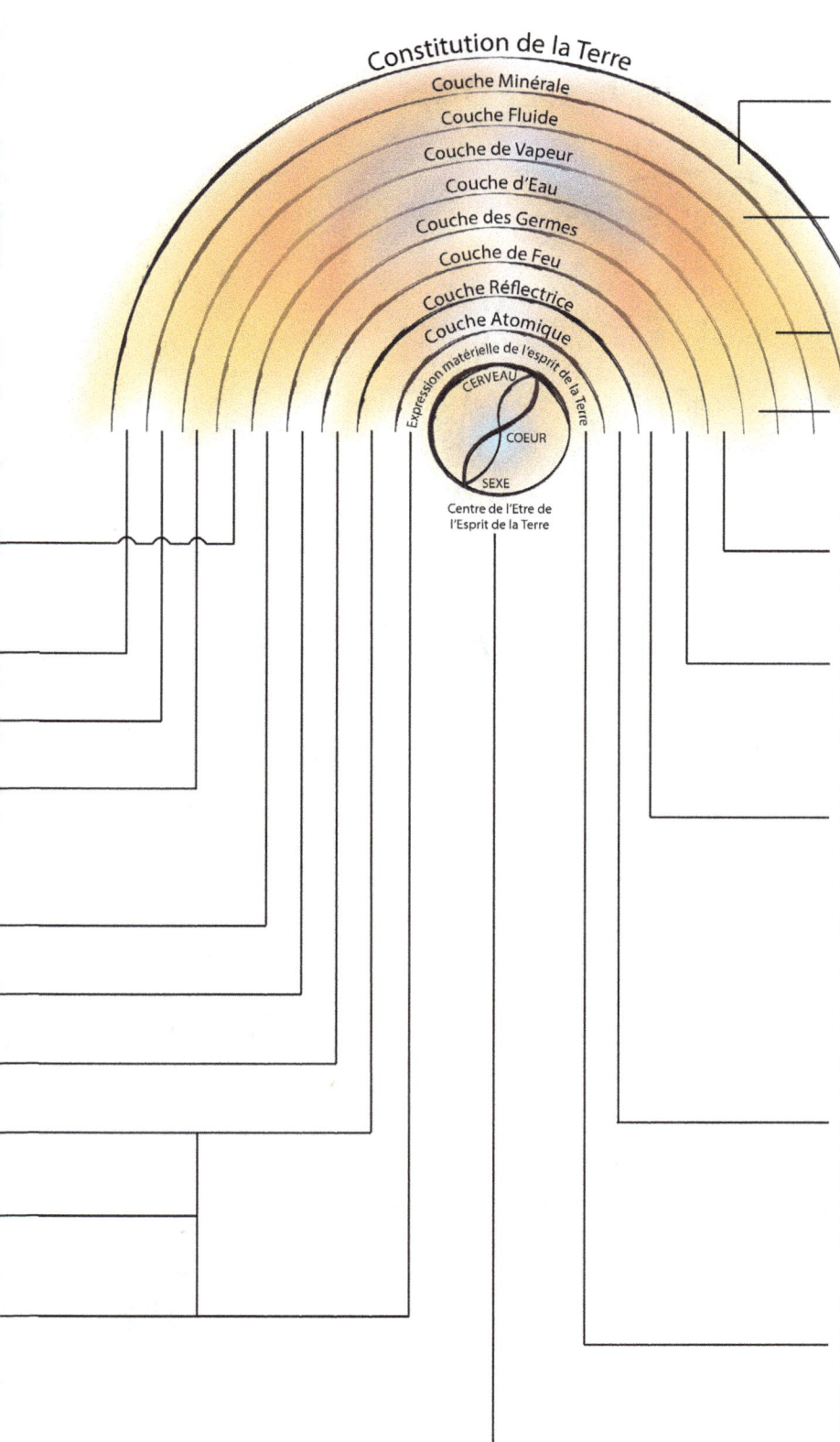

Couche Minérale
Couche Fluide
Couche de Vapeur
Couche d'Eau
Couche des Germes
Couche de Feu
Couche Réflectrice
Couche Atomique

Expression matérielle de l'esprit de la Terre

CERVEAU
COEUR
SEXE

Centre de l'Etre de
l'Esprit de la Terre

Couche Minérale
C'est la croûte rocheuse de la Terre dont s'occupe la Géologie, dans la mesure où l'homme est capable de la pénétrer.
Cette couche correspond à la Région Chimique du Monde Physique.

Couche Fluide
La matière de cette couche est plus fluide que celle de la croûte extérieure ; cependant elle n'est pas liquide, elle a plutôt la consistance d'une pâte épaisse.
Cette couche correspond à la Région Éthérique du Monde Physique.

Couche de Vapeur
La vie est répandue et palpite sans cesse, comme dans le Monde du Désir qui entoure et pénètre la terre.

Couche d'Eau
Contient toutes les possibilités germinatives de tout ce qui existe a la surface de la Terre. Là, se trouvent les forces archétypales qui sont la base de l'activité des esprits-groupes et aussi des forces archétypales des minéraux car c'est la l'expression physique et directe de la Région de la Pensée Concrète.

Couche des Germes
Ici se trouve la source principale de la vie d'où sortit l'impulsion qui fut la cause de la construction de toutes les formes sur la Terre. Elle correspond à la Région de la Pensée Abstraite.

Couche de Feu
Cette couche est douée de sensation. Le plaisir et la douleur, la sympathie font, de cette région sentir leur effet sur la Terre. De même que la sensation chez les animaux et les hommes est due à leur corps vital distinct, de même le pouvoir de sensation de la Terre est particulièrement actif dans cette 6ème couche qui correspond au Monde de l'Esprit de Vie.

Couche Réfringente, ou Couche Réflectrice
Cette couche correspond au Monde de l'Esprit Divin. Toutes les forces que nous connaissons comme « Loi de la Nature » résident en tant que force morale, ou plutôt immorale, car tout relâchement moral tend à les déchaîner et leur faire causer des ravages à la surface de la Terre, tandis qu'un effort vers un idéal plus élevé les rend moins hostiles à l'homme. Les forces qui résident dans cette couche sont donc, à chaque instant, la réflexion exacte de l'état moral de l'humanité.
Quand un homme meurt, son corps dense se désagrège, mais on peut retrouver la somme totale de ses forces dans la 7ème couche de la Terre, qui constitue un réservoir dans lequel ses formes-pensées sont préservées en tant que forces.

Couche Atomique
Cette couche est l'expression du Monde des Esprits Vierges. Elle semble avoir la propriété de multiplier un grand nombre de fois les choses qu'elle contient ; ceci ne s'applique, toutefois, qu'aux choses qui ont été définitivement formées, tout ce qui a été modelé ou possède la vie et la forme ; cette couche possède un pouvoir de multiplication à un degrés étonnant.
La forme d'un homme mort est emmagasinée dans la 7ème couche, mais la 8ème la multiplie, de telle sorte qu'un certain type d'homme peut être reproduit et modifié par d'autres.

L'Expression Matérielle de l'Esprit de la Terre
Ici il y a des courants en lemniscate qui sont en relation intime avec le cerveau, le cœur et les organes sexuels de la race humaine. Cette couche correspond au Monde de Dieu.

Centre de l'Être de l'Esprit Terrestre
Il est l'ultime terrain des germes de tout ce qu'il y a dans la Terre et à sa surface ; il correspond à l'Absolue.

LE PROCESSUS DE LA PENSÉE

En tant qu'Ego, nous fonctionnons directement dans la fine substance de la Région de la Pensée Abstraite que nous avons spécialisée dans les limites de notre aura individuelle. De là, nous examinons les impressions faites par le monde extérieur sur le corps vital par l'action des sens, et aussi les sentiments et les émotions qu'elles causent dans le corps du désir et qui sont reflétés dans l'intellect.

De ces images mentales nous formons nos conclusions, dans la Région de la Pensée Abstraite, sur les sujets auxquels elles se rapportent. Ces conclusions sont des idées. Par le pouvoir de la volonté nous projetons une idée dans l'intellect où elle se concrétise en une forme-pensée qui attire à elle la substance mentale de la Région de la Pensée Concrète.

L'intellect est comme la lentille d'un appareil de projection. Il dirige l'image dans l'une des trois directions suivantes au gré de la volonté du penseur qui anime la forme-pensée.

(1) Cette image peut être projetée contre le corps du désir, dans un effort fait pour éveiller le sentiment qui provoquera une action immédiate.

1.a) Si la pensée éveille l'Intérêt, elle éveillera également l'une des deux forces d'Attraction ou de Répulsion.

Si la force centripète d'Attraction a été éveillée, elle saisit la pensée, la projette dans le corps du désir, donne à l'image une vie accrue et la revêt de substance-désir. La pensée devient alors capable d'agir sur le cerveau éthérique et de faire passer la force vitale à travers les centres du cerveau et les nerfs appropriés jusqu'aux muscles qui accomplissent l'action nécessaire.

C'est ainsi qu'est dépensée la force spirituelle contenue dans la pensée et l'image reste dans l'Éther du corps vital comme mémoire de l'acte et du sentiment qui lui a donné naissance.

1.b) Si la force centrifuge de Répulsion a été éveillée par la forme-pensée, il y aura lutte entre la force spirituelle (la volonté de l'homme) qui se trouve dans la forme-pensée et le corps du désir. C'est le combat entre la conscience et le désir, entre la nature supérieure et la nature inférieure. La force spirituelle, contre toute résistance, cherchera à revêtir la forme-pensée de la substance-désir nécessaire pour contrôler le cerveau et les muscles. La force de Répulsion tentera de disperser les matériaux appropriés et de rejeter la pensée. Si l'énergie spirituelle est puissante, elle peut se creuser un chemin jusqu'aux centres du cerveau, maintenir son enveloppe de substance-désir pendant qu'elle contrôle la force vitale, et forcer ainsi l'homme à agir; elle laissera alors dans la mémoire une vive impression de lutte et de victoire. Si l'énergie spirituelle est épuisée avant que l'action ne se soit produite, la forme-pensée sera dominée par la force de Répulsion et sera emmagasinée dans la mémoire comme l'est toute forme-pensée qui a dépensé son énergie.

1.c) Si la forme-pensée est reçue avec le sentiment anémiant de l'Indifférence, il dépend de l'énergie spirituelle qu'elle contient de pousser l'homme à l'action ou de laisser seulement une faible impression sur Éther Réflecteur du corps vital après que son énergie cinétique a été épuisée.

(2) Quand les images mentales qui proviennent des impressions extérieures ne nécessitent pas d'action immédiate, ces images peuvent être projetées directement sur Éther Réflecteur en même temps que les pensées qu'elles font surgir, pour être utilisées ultérieurement. L'esprit qui travaille par l'intermédiaire de l'intellect a un accès immédiat aux réserves de la mémoire consciente, et il peut, à quelque moment que ce soit, ranimer toute image qui s'y trouve, lui communiquer une nouvelle force spirituelle et la projeter sur le corps du désir pour forcer le corps dense à agir. Chaque fois qu'une image est ainsi traitée, elle gagnera en vivacité, en force et en efficacité, et entraînera l'homme à l'action, plus facilement qu'au début, parce qu'elle se creuse un chemin et produit le phénomène de « l'extension » ou du « développement » de la pensée, par répétition.

(3) Enfin, le penseur peut projeter la forme-pensée vers un autre intellect pour servir de suggestion, pour transmettre une information etc., comme dans la transmission de pensée; ou bien elle peut être dirigée contre le corps du désir d'une autre personne pour la pousser à l'action, comme dans le cas où l'hypnotiseur influence sa victime à distance. La forme-pensée ainsi projetée agira sur sa victime exactement de la même manière que sa propre pensée. Si elle est conforme à ses tendances personnelles, elle agira comme il a été dit au paragraphe 1.a); dans le cas contraire, elle agira comme il est

dit aux paragraphes 1.b) ou 1.c).

Quand le travail assigné à une forme-pensée ainsi projetée est accompli ou lorsque son énergie a été dépensée en vains efforts pour arriver à son but, elle retourne à son créateur portant avec elle la marque ineffaçable du voyage. Son succès ou son échec est imprimé sur les atomes négatifs de Éther Réflecteur du corps vital de son créateur, où elle forme cette partie des archives de la vie et des actions du penseur qu'on appelle parfois l'intellect subconscient.

Le corps vital est comme un miroir, ou plutôt comme un film de cinéma ; il fixe aussi bien les images du monde extérieur, selon nos facultés d'observation, que les idées de l'Esprit intérieur selon la clarté et la discipline de l'intellect. La Consécration et le Discernement (en d'autres termes l'émotion et l'intelligence) décident de notre attitude à l'égard de ces images, et leur action équilibrée conduit à un développement bien complet. Évolués jusqu'à un certain point, ils déclenchent inévitablement un processus de purification.

En tant qu'Ego, nous fonctionnons directement dans la fine substance de la Région de la Pensée Abstraite que nous avons spécialisée dans les limites de notre aura individuelle :

De là, nous examinons les impressions faites par le monde extérieur sur le corps vital par l'action des sens, et aussi les sentiments et les émotions qu'elles causent dans le corps du désir, et qui sont reflétés dans l'intellect.

De ces images mentales nous formons nos conclusions, dans la Région de la Pensée Abstraite, sur les sujets auxquels elles se rapportent. Ces conclusions sont des idées.

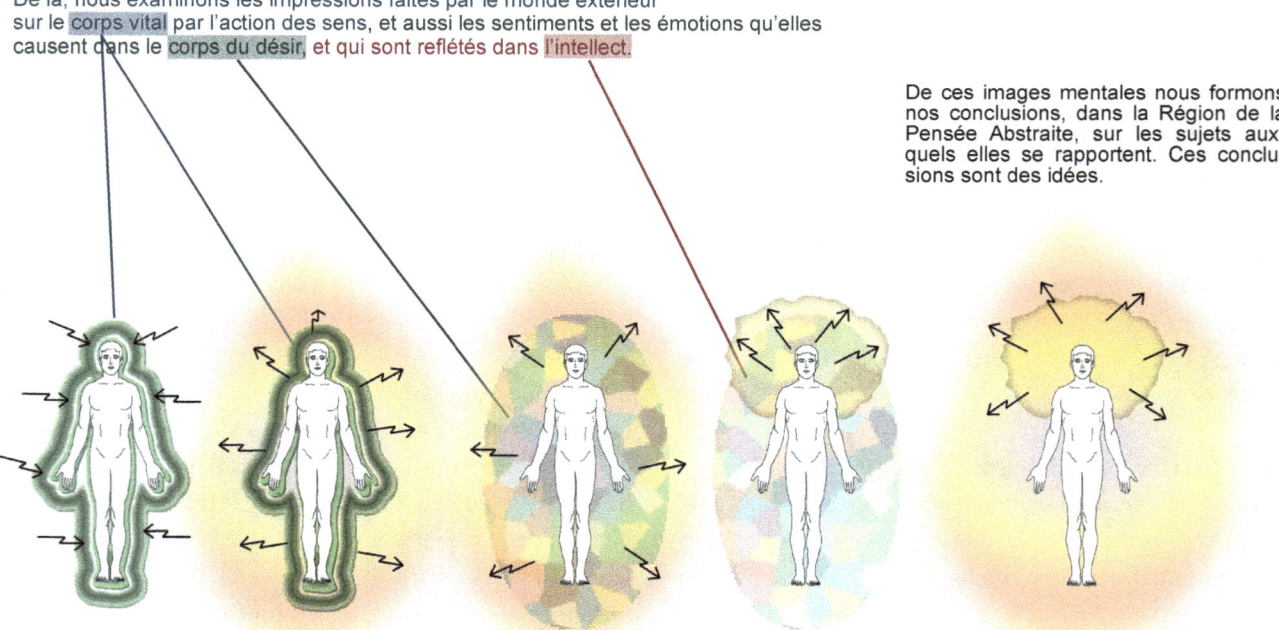

LE SOMMEIL

Le Monde du Désir est un océan de sagesse et d'harmonie. C'est là que, quand les véhicules inférieurs ont été abandonnés au sommeil, l'Ego emporte l'intellect et le corps du désir. Là, le premier soin de l'Ego est de restaurer le rythme et l'harmonie de l'intellect et du corps du désir. Ceci s'accomplit graduellement, à mesure que les vibrations harmonieuses du Monde du Désir pénètrent ces véhicules. Il y a, dans le Monde du Désir, une essence correspondant au fluide vital qui imprègne le corps dense, par l'intermédiaire du corps vital. Les véhicules supérieurs se saturent, pour ainsi dire, de cet élixir de vie. Quand ils sont fortifiés, ils commencent à travailler sur le corps vital, qui est resté avec le corps dense endormi. Alors le corps vital commence de nouveau à spécialiser l'énergie solaire, à reconstruire le corps dense, utilisant plus particulièrement l'Éther Chimique dans ce travail de restauration.

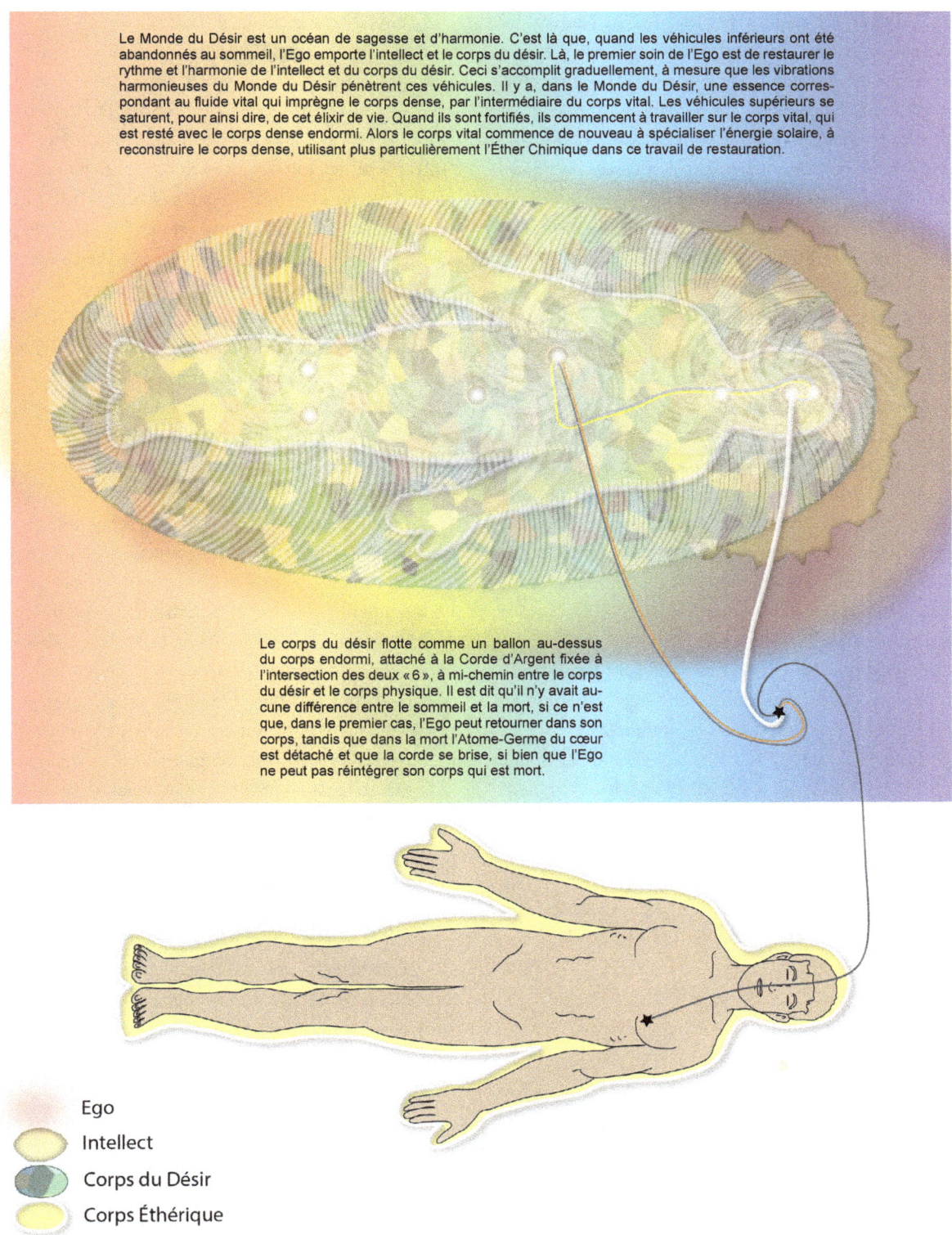

Le corps du désir flotte comme un ballon au-dessus du corps endormi, attaché à la Corde d'Argent fixée à l'intersection des deux « 6 », à mi-chemin entre le corps du désir et le corps physique. Il est dit qu'il n'y avait aucune différence entre le sommeil et la mort, si ce n'est que, dans le premier cas, l'Ego peut retourner dans son corps, tandis que dans la mort l'Atome-Germe du cœur est détaché et que la corde se brise, si bien que l'Ego ne peut pas réintégrer son corps qui est mort.

Ego

Intellect

Corps du Désir

Corps Éthérique

LE SOMMEIL

Le corps du désir et l'intellect, par leur activité pendant les heures de veille, détruisent sans cesse le corps dense. Chaque pensée et chaque mouvement usent les tissus. D'un autre côté, le corps vital s'efforce fidèlement de rétablir l'harmonie et de restaurer ce que les autres véhicules ont détruit. Toutefois, il n'est pas capable de soutenir entièrement les attaques puissantes des impulsions et des pensées. Il perd graduellement du terrain, et un moment vient finalement où il cède. Ses «pointes» se contractent, pour ainsi dire. Le fluide vital cesse de passer en quantité suffisante le long des nerfs; le corps s'assoupit; l'Ego, gêné par cet assoupissement, est forcé de se retirer, entraînant avec lui le corps du désir. Ce retrait des véhicules supérieurs laisse le corps dense pénétré par le corps vital, dans l'état d'insensibilité que nous appelons sommeil.

Cependant, le sommeil n'est en aucune façon une condition d'inactivité, comme on le suppose souvent. S'il en était ainsi, le corps ne serait pas le matin, au moment du réveil, dans une condition différente de celle où il se trouvait en s'endormant la nuit précédente; sa fatigue serait tout aussi grande. Au contraire, le sommeil est une période d'activité intense dont la valeur augmente en raison de son intensité, car il élimine les toxines qui résultent de la destruction des tissus par l'activité physique et mentale de la journée. Les tissus sont reconstruits et le rythme du corps est rétabli. Plus ce travail est complet, plus grand est le bénéfice qui résulte du sommeil.

Le Monde du Désir est un océan de sagesse et d'harmonie. C'est là que l'Ego emporte l'intellect et le corps du désir quand les véhicules inférieurs ont été abandonnés au sommeil. Là, le premier soin de l'Ego est de restaurer le rythme et l'harmonie de l'intellect et du corps du désir. Ceci s'accomplit graduellement, à mesure que les vibrations harmonieuses du Monde du Désir pénètrent ces véhicules. Il y a, dans le Monde du Désir, une essence correspondant au fluide vital qui imprègne le corps dense, par l'intermédiaire du corps vital. Les véhicules supérieurs se saturent, pour ainsi dire, de cet élixir de vie.

Quand ils sont fortifiés, ils commencent à travailler sur le corps vital, qui est resté avec le corps dense endormi. Alors le corps vital commence de nouveau à spécialiser l'énergie solaire, à reconstruire le corps dense, utilisant plus particulièrement l'Éther Chimique dans ce travail de restauration.

C'est cette activité des divers véhicules pendant le sommeil qui sert de base à l'activité du jour suivant. Sans elle, il n'y aurait point de réveil; car l'Ego avait été forcé d'abandonner ses véhicules rendus inutilisables par leur état de fatigue. Si le travail qui consiste à faire disparaître cette fatigue faisait défaut, le corps resterait endormi, comme cela arrive parfois dans la transe naturelle. C'est justement en raison de cette activité qui tend à restaurer l'harmonie, que le sommeil l'emporte sur le docteur et les médicaments pour préserver notre santé. Un simple repos n'est pas suffisant; seul le sommeil est efficace. C'est seulement quand les véhicules supérieurs sont dans le Monde du Désir qu'il y a un arrêt total de destruction et qu'un reflux de force restauratrice se produit. Il est vrai qu'au repos le corps vital n'est pas gêné dans son travail par la destruction des tissus causée par les mouvements du corps et par la tension des muscles, mais il a cependant à lutter contre la destruction d'énergie causée par la pensée, et il ne reçoit pas non plus la force restauratrice extérieure du corps du désir, comme pendant le sommeil.

Il arrive toutefois que, dans certains cas, le corps du désir ne se retire pas complètement, en sorte qu'une partie reste en liaison avec le corps vital, véhicule de perception sensorielle et de mémoire. Il en résulte que le travail de restauration ne s'accomplit qu'imparfaitement et que les scènes et les actions du monde du désir parviennent jusqu'à la conscience physique sous forme de rêves. Bien entendu, la plupart des rêves sont confus, car notre perception est alors désaxée à cause de la liaison incorrecte d'un véhicule avec l'autre. La mémoire elle-même devient confuse, à cause de cette relation impropre des véhicules. Le sommeil accompagné de rêves est agité, et le corps se sent fatigué au réveil.

LA CORDE D'ARGENT

Pendant la journée où notre esprit est éveillé dans notre corps, la Corde d'Argent triple est enroulée en forme de spirale à l'intérieur de notre corps dense, principalement à l'épigastre, dans le plexus solaire. Mais la nuit, quand l'Ego se retire de son corps dense et de son corps vital en les abandonnant sur le lit pour qu'ils récupèrent des forces après le labeur journalier, la Corde d'Argent passe en haut du crâne.

Pendant le sommeil, le corps vital lui-même, dans son ensemble, reste normalement dans le corps dense, mais son atome-germe est mobile et possède la capacité de s'étendre et de sortir du corps avec la Corde d'Argent.

Le corps du désir flotte comme un ballon au-dessus du corps endormi, attaché à la Corde d'Argent fixée à l'intersection des deux « 6 », à mi-chemin entre le corps du désir et le corps physique.

Il n'y a aucune différence entre le sommeil et la mort, si ce n'est que, dans le premier cas, l'Ego peut retourner dans son corps, tandis que dans la mort l'Atome-Germe du cœur est détaché (ou rompu) et que la corde se brise, si bien que l'Ego ne peut pas réintégrer son corps qui est mort.

Quand l'Ego quitte le corps, non seulement il emporte les véhicules du corps du désir et le corps mental, mais la Corde d'Argent s'élève avec lui de telle sorte que l'extrémité la plus basse qui aboutit à l'Atome-Germe du cœur, reste à l'intérieur du corps. La jonction de la corde éthérique et de celle du désir dans le corps vital produit une courbure en forme du chiffre « 6 ».

Dans le « Ballon« de l'aura de substance-désir qui flotte au-dessus du corps physique endormi, l'extrémité supérieure du segment de substance désir de la corde est attachée au grand tourbillon, tandis que la partie supérieure de la corde va, de ce point, jusqu'aux frontaux du corps de l'homme endormi qui, en réalité, est enraciné dans la substance-mentale.

TABLEAU RÉCAPITULATIF DES DIFFÉRENTS MONDES

Vertu	Art / Monde	Organe	Esprit Vierge	Cieux	Région	Monde de	Esprit / Corps Triple	Aspect	Attribut
Ce monde comprend 7 régions [CRC-61]						Monde de DIEU			
Ce monde comprend 7 régions et il est la demeure des Esprits Vierges quand ils ont été différenciés en Dieu avant leur pèlerinage à travers la matière [CRC-61]						Monde des Esprits Vierges			
Ce monde comprend 7 régions et il est la demeure de la plus haute influence spirituelle dans l'homme [CRC-61]			Esprit Vierge Triple			Monde de l'Esprit Divin	Esprit Triple ou EGO	Esprit Divin — Relation avec les autres systèmes solaires	Volonté
Ce monde comprend 7 régions et il est la demeure du 2e aspect du triple esprit dans l'homme [CRC-61]						Monde de l'Esprit Vital		Esprit Vital — Mém. supercons, véritable mém. de la nature	
Vérité	Musique - Monde du son	Sinus Frontal		3ème Ciel		Monde de la Pensée		Esprit Humain	Pensée Abstraite
				2ème Ciel				Intellect - Trait d'union entre la personnalité et l'Ego - Donner un but à l'action	Le point focal de l'Intellect --> ; Pensée Concrète — Formes-pensée
Bien	Peinture - Monde de la couleur	Foie		1er Ciel		Monde du Désir		Corps du Désir - Engendrer l'action	Désirs Supérieurs
				Limitrophe					Sentiments
				Pugatoire			Personnalité ou Corps Triple ou Réflexion de l'Esprit Tripe		Désirs Inférieurs
Beauté	Sculpture - Monde de la Forme	Plexus Solaire			Région Éthérique	Monde Physique		Corps Vital ; Corps de l'Ame	Éther Réflecteur — Action de la pensée sur le cerveau de l'homme
									Éther Lumière
								Matrice du corps Physique	Éther Vital
		Coeur			Région Chimique				Éther Chimique
								Corps Physique	Gaz
									Liquides
									Solides

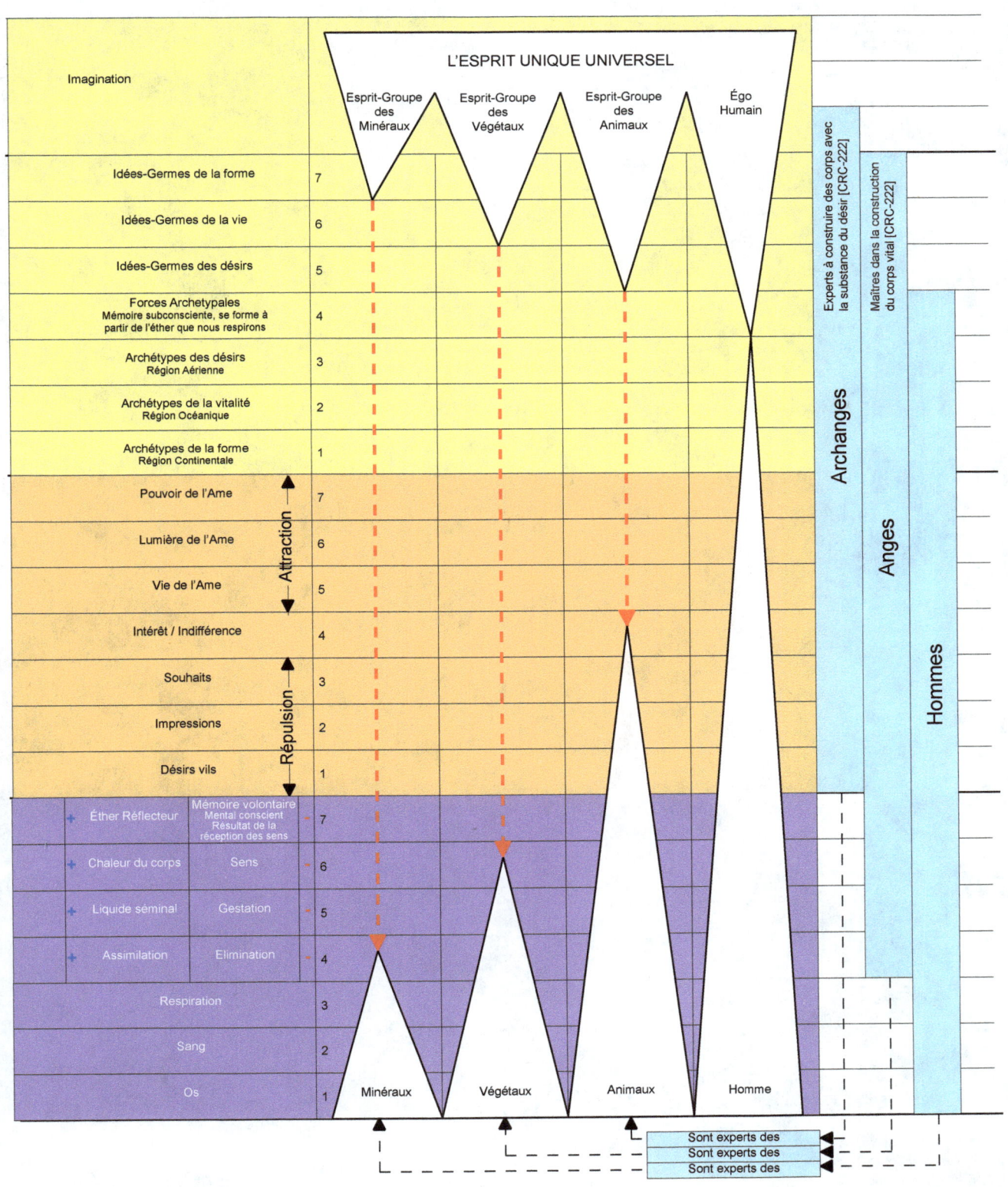

L'ESPRIT UNIQUE UNIVERSEL

Esprit-Groupe des Minéraux · Esprit-Groupe des Végétaux · Esprit-Groupe des Animaux · Égo Humain

Imagination		
Idées-Germes de la forme	7	
Idées-Germes de la vie	6	
Idées-Germes des désirs	5	
Forces Archetypales Mémoire subconsciente, se forme à partir de l'éther que nous respirons	4	
Archétypes des désirs Région Aérienne	3	
Archétypes de la vitalité Région Océanique	2	
Archétypes de la forme Région Continentale	1	
Pouvoir de l'Ame	7	
Lumière de l'Ame	6	
Vie de l'Ame	5	
Intérêt / Indifférence	4	
Souhaits	3	
Impressions	2	
Désirs vils	1	
Éther Réflecteur	Mémoire volontaire Mental conscient Résultat de la réception des sens	7
Chaleur du corps	Sens	6
Liquide séminal	Gestation	5
Assimilation	Elimination	4
Respiration		3
Sang		2
Os		1

Attraction · Répulsion

Minéraux · Végétaux · Animaux · Homme

Experts à construire des corps avec la substance du désir [CRC-222]

Maîtres dans la construction du corps vital [CRC-222]

Archanges · Anges · Hommes

Sont experts des
Sont experts des
Sont experts des